CB019942

CASA VIGIL

ALEJANDRO VIGIL

MARÍA SANCE

CASA VIGIL

Catapulta

ÍNDICE

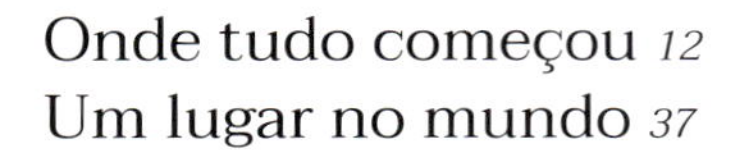

A HISTÓRIA

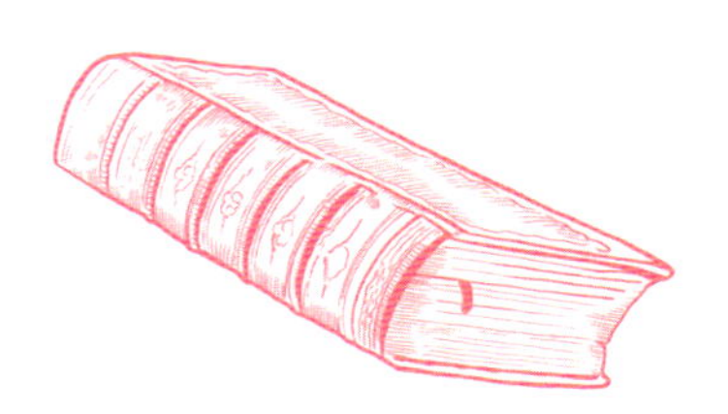

A IDENTIDADE

O atendimento

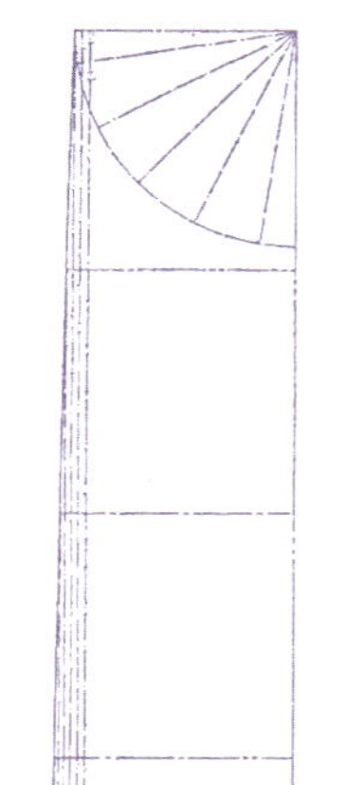

A arquitetura

O *TERROIR*

A COZINHA 169

PRÓLOGO

POR **GASTÓN ACURIO**

Houve uma época na América Latina em que fomos ensinados a acreditar que aquilo que vinha de fora era melhor que tudo o que fazíamos, melhor que nossa história e nossos costumes, melhor que nossos tesouros, nossas paisagens e alamedas. Eram tempos em que a norma parecia ser a resignação e a aceitação de um único destino: sermos fornecedores de recursos naturais valiosos (matérias-primas) para os países industrializados e compradores de produtos. Incorporávamos a nossas vidas marcas, estilos e experiências com a certeza de que isso era bonito, valioso e importante, enquanto descartávamos o que era nosso.

Foi assim que durante um longo tempo o ouro, a prata, o cobre, o cacau e o café, entre muitos outros produtos de nossa terra, partiam para longe e voltavam transformados em carros japoneses, relógios e chocolates suíços ou cafeterias norte-americanas que, de uma forma ou de outra, explicam as diferenças socioeconômicas que existiam e ainda existem entre uma região exportadora de recursos e outra desenvolvida.

No entanto, uma geração de pioneiros, visionários e pessoas corajosas decidiu assumir o desafio quase impossível de mudar o curso da história em áreas como a do vinho, que sempre reservou o mais elevado reconhecimento aos grandes vinhos da Europa.

Alejandro Vigil é, sem dúvida, um comandante nessa longa batalha. Com suas merecidas condecorações, desde o início não teve medo de sonhar que um dia os vinhos de sua terra poderiam ser distinguidos em todo o mundo com a mesma estima daqueles que sempre se destacaram. Também não teve medo da ideia inalcançável de que os vinhos de sua terra fariam da província um destino para visitantes de todo o mundo, que viriam admirar as suas paisagens e vinícolas, saborear os assados e guisados, dançar e cantar com suas músicas e celebrar seus costumes, os mesmos que antes eram escondidos, pois se pensava que eram pequenos, mas que hoje, graças à coragem inspiradora de Alejandro e tantos outros companheiros de batalha, fazem parte de experiências mágicas e únicas capazes de seduzir a todos sem medos, dúvidas ou murmúrios.

Quando se chega à Casa Vigil, pelo menos nós que travamos batalhas semelhantes em nosso lugar e nossa época, se sente essa proeza em cada passo, em cada canto, em cada sabor. Pode-se ver o sonho alcançado, a coragem, o talento, mas, acima de tudo, percebe-se o amor pela terra mendocina onde hoje vivem os Vigil, os Zuccardi, os Catena e todas as famílias que tornaram possível o que parecia improvável. Viva a Casa Vigil, viva Mendoza, viva a América Latina!

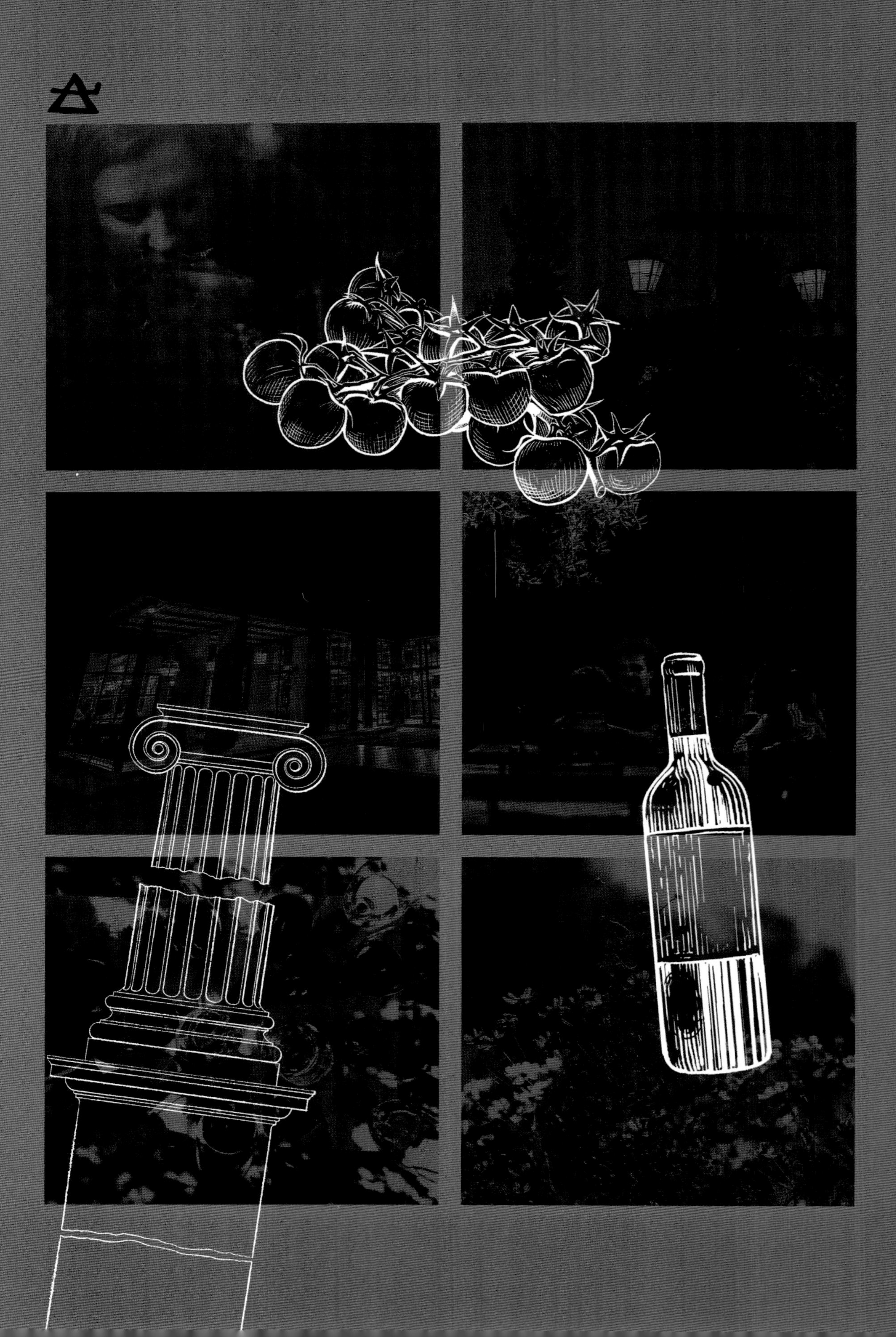

A HISTÓRIA

ONDE TUDO COMEÇOU

"Quando senti esse cheiro pela primeira vez, nasceu a ideia." Se concretizar um projeto significa que ele tome a forma e a estrutura próprias de sua categoria, a Casa Vigil o fez em 14 de junho de 1973, no momento exato em que sua *alma pater* veio ao mundo. "Não existe plano B em minha vida, não tenho opção, não há caminho traçado que eu não tenha percorrido", repete Alejandro Vigil. Quem faz parte do projeto conhece bem esse mantra, o entende e o transmite, com a mesma força, aos visitantes e a quem queira ouvi-lo.

A Casa Vigil pode ser definida como uma imagem fiel de Alejandro Vigil, a materialização dos sonhos do viticultor, do criador dos mais renomados rótulos de vinhos argentinos do mundo, o mesmo que

recebe a alcunha de “Messi dos vinhos”, enólogo da vinícola Catena Zapata e coproprietário da vinícola Aleanna-El Enemigo.

Mas o que é a Casa Vigil? É um lugar no mundo; é gastronomia em seu estado mais puro; é vinho e culinária porque um não existe sem o outro; é uma família nuclear e uma família extensa; é o encontro, a agricultura, é fazer vinhos e fazer horta, é nunca perder de vista a primeira semente; é o caminho e não o ponto de chegada; é uma linguagem compartilhada; é uma adega, um vinhedo e um restaurante, um jardim e uma cozinha; é a comunhão mais ancestral com o ambiente; é um pertencimento e um lugar onde se abrigar; é um projeto dedicado ao mundo dos sentidos, para desfrutar, se encontrar, se apaixonar, se comunicar com os arredores; é a cabeça aberta, os projetos sucessivos e o movimento permanente. Foi assim que ela nasceu e continua até hoje.

Uma sucessão de eventos fortuitos, que conspiraram para que acontecesse o que deveria acontecer, levou Alejandro e María à localidade de Chachingo, em Mendoza. Um anúncio no jornal que dizia

"Lote em Chachingo", uma visita ao local, uma placa em frente a um terreno de um hectare com "terra igual a talco", mas a um valor acessível, indicaram o destino. Naquela época, desembarcar em Chachingo era a antítese do mundo. Tratava-se de um lugar que havia conquistado um papel fundamental no mapa de Mendoza e que nesse momento lutava para recuperar o esplendor. A Casa Vigil chegou a essa região e, de alguma forma, contribuiu para resgatar o brilho e criar uma sensação de pertencimento ao lugar.

Em 2006, o casal formado por María Sance e Alejandro Vigil comprou os primeiros quatro hectares. Vinham de El Carrizal, lugar do qual María era oriunda e onde haviam começado a vida juntos no ano de 2000. Nos planos de ambos, sempre pressagiavam um futuro em um lugar onde pudessem cultivar árvores frutíferas, horta e algumas vinhas. Quando conseguiram economizar o suficiente, Chachingo se concretizou. Era a ponta do novelo do projeto de suas vidas. Seria, antes de tudo, o destino da casa familiar, mas também a sede de inúmeros projetos. María afirma que Alejandro sempre soube que isso aconteceria dessa maneira e todos sabem que é verdade.

O departamento de Maipú está localizado na bacia no rio Mendoza. Esse curso de água atravessa primeiro o extremo sul do departamento e depois

segue para o nordeste. O canal San Martín percorre Maipú pela margem esquerda do rio e dá vida à rede de canais de distribuição fluvial por meio de quatro barragens de desvio: Naciente, Chachingo, Céspedes e Piedritas. Essas obras, aliadas ao trabalho e esforço de muitas gerações, permitiram que essas terras, juntamente com Luján de Cuyo, façam parte do chamado "cinturão verde" e se caracterizem por um excepcional desenvolvimento vitivinícola.

Chachingo pertence à região alta do rio Mendoza, conhecida como a primeira área dos vinhos argentinos, já que ali, trezentos anos antes, foram plantadas as primeiras videiras da província. Voltando ainda mais no tempo, há vinte milhões de anos, o rio Mendoza passava pela região de Cruz de Piedra e, após a última grande erupção do vulcão Tupungato, ele se dividiu em dois. Por um lado, se formou o que hoje conhecemos como rio Tunuyán e, por outro, o atual rio Mendoza com seu curso reduzido pela metade, resultado dessa bifurcação. Esse fenômeno foi

determinante para a formação de oitenta por cento do solo do lugar, muito favorável para o cultivo de videiras e oliveiras, graças ao substrato que garante a fertilidade e, ao mesmo tempo, a umidade. Além disso, a combinação de terra e seixos, pedras próprias do leito do rio, garante um alto nível de drenagem da água. Nesse solo arenoso a franco-arenoso, localizado ao norte e a cerca de quinhentos metros do rio Mendoza, o nível de pedras diminui e vai aumentando à medida que nos aproximamos do rio.

A altitude média da região é de 750 a 1 100 metros acima do nível do mar, enquanto o clima é definido como temperado árido com tendência ao calor. As temperaturas máximas giram em torno de 42 °C e as mínimas chegam a –9 °C, e ambos os extremos transitam facilmente em Chachingo, onde tudo é intenso. No inverno, as geadas e as baixas temperaturas são muito bem-definidas, e no verão, o termômetro não dá trégua, oferecendo a densidade do sol mendocino em sua expressão máxima.

Uma região, um solo, um clima, um *terroir* bem conhecido. Aqui foram quitadas as contas do desejo e dos sonhos. María, filha de agricultores, sempre esteve muito próxima do trabalho e do campo. Responsável pela horta familiar quando era pequena, logo aprendeu suas tarefas e as executava rigorosamente todas as manhãs. Ela e sua família viviam em El Carrizal e produziam principalmente alho e tomates, dois dos frutos abençoados por esta terra mendocina.

Para os agricultores da província de Mendoza, e María Sance sabe disso muito bem, a vida representa o campo e os cultivos, as estações, as sementes, as colheitas, a irrigação e o sofrimento pelo granizo que, em pouco tempo, é capaz de levar sem nenhuma piedade o trabalho de um ano inteiro. Uma vida muito sacrificada e sofrida que quando se aprende a amar é difícil não tentar reproduzi-la. Por isso, ela sempre quis ter uma horta, colocar as mãos na terra, colher os frutos que depois levaria à mesa, dedicar pelo menos um momento do dia aos seus cultivos.

María acredita que parte desse encantamento provém de seus antepassados imigrantes italianos que sempre buscaram a abundância à mesa e para os quais a comida era uma religião, e o autossustento um mandamento ao qual dedicavam boa parte de seu trabalho. Uma mistura de prazer à mesa e uma atitude natural de quem sobreviveu à fome.

De alguma forma, a alimentação, a comida e a gastronomia começaram a fazer parte de seu dia a dia já havia algum tempo. Ocorreu em sua primeira infância, com a horta familiar, e mais tarde na adolescência, quando teve que escolher uma carreira universitária. Cursou Bromatologia na Faculdade de Ciências Agrárias da Universidade Nacional de Cuyo, onde ainda hoje atua como professora pesquisadora. Mas daí a pertencer ao mundo gastronômico há um abismo.

Apesar de hoje o caminho parecer predestinado, María afirma que nunca imaginou que teria um restaurante, muito menos o universo que atualmente representa a Casa Vigil. Quando se fixaram em Chachingo, Alejandro lhe disse: "Como não vamos fazer uns tanquinhos, uma adeguinha...". A casa entre as vinhas era um sonho, mas "algumas coisas aconteceram", diz entre um sorriso e uma inspiração profunda. María tem certeza de que Alejandro sempre soube, mas ela nunca imaginou.

A casa entre os vinhedos, as árvores frutíferas e a horta se transformaram de repente. Alejandro chegou à casa da família com a proposta de fazer "uma entranha argentina e uma saladinha com os tomates da horta e, de sobremesa, queijo e doce com os marmelos da nossa propriedade. Algo simples". E assim começou essa bela loucura.

Quando tudo começou, os filhos de María e Alejandro eram pequenos, Giuliana tinha três anos e Juan Cruz, sete. O projeto começou com uma equipe pequena e muito tímida: Alejandro Vigil à frente, María Sance, sua companheira de equipe, Pablo Sance e Constanza Hartung como aliados estratégicos e a inestimável colaboração de Rosa, uma assistente versátil e sempre disposta. Um quinteto multifuncional que se reinventava como gastronômico e recebia turistas para que eles apreciassem os vinhos que Alejandro fazia com alguma comida. Começaram com porções de queijos (a famosa *picada* argentina) e charcutaria da região, mas rapidamente a proposta ficou desgastada. Os visitantes, noventa e cinco por cento vindos do Brasil, queriam algo mais. As tertúlias se prolongavam e as *picadas* eram insuficientes.

A partir daí passaram a servir entranhas assadas (um corte de carne tipicamente argentino) na churrasqueira da família. Pablo ligava para María, que estava terminando seu expediente na universidade, e ela lhe perguntava: "Quantas reservas temos hoje?" e com essa informação resolvia as compras no caminho a casa. Constanza e María preparavam as saladas e a sobremesa, e Rosa esperava Ale, que chegava de seu trabalho na vinícola Catena Zapata, com o fogo já aceso para assar a carne e com uns tomatinhos em conserva que ela sabia fazer maravilhosamente bem.

As visitas guiadas pela propriedade também eram divididas entre o mesmo quinteto. Se eram em inglês, Constanza era a pessoa designada, e todas as demais ficavam para Alejandro e María. Nessa época, as visitas eram aspiracionais e os visitantes ouviam sobre um sonho, um projeto, algo que ia acontecer, que estava na cabeça de Alejandro e que, pouco a pouco, talvez para não assustar, ele ia soltando ao redor da pequena mesa.

Era tudo muito intenso, vertiginoso e explosivo. Começaram com a premissa de organizar sessões de degustação e um bate-papo próximo com o enólogo.

A repercussão da proposta foi imediata e, de certa forma, imparável.

Constanza Hartung hoje em dia é gerente de Hospitalidade da Casa Vigil e trabalha com Alejandro há mais de uma década. Formada em Relações Institucionais, Marketing e Sommelier, entrou na vinícola Catena Zapata em 2011 para ser a sombra de Ale. "Me passou todas as suas senhas e disse: 'Esta é a minha vida, cuide dela'". Quando foi lançado o projeto El Enemigo, os vinhos criados por Alejandro em parceria com Adrianna Catena, sua agenda ficou lotada e ele precisou se reunir com imprensa, amigos, importadores, além de receber muitas visitas. E foi assim que inauguraram oficialmente a churrasqueira da casa de María e Alejandro para o lançamento de El Enemigo.

Nessa mesma churrasqueira, continuaram convidando a imprensa e as pessoas que queriam conhecer o projeto. Em algumas ocasiões, chamavam um chef de cozinha próximo que preparava alguma delícia para os presentes e, em outras, eram simplesmente amigos que exibiam algum prato

Uma região, um solo, um clima, um terroir bem conhecido. Aqui foram quitadas as contas do desejo e dos sonhos.

e se entusiasmavam em prepará-lo para vários comensais. Era algo mágico: os visitantes viajavam a Mendoza, chegavam a um cenário divino, uma mesa compartilhada com família e amigos, apreciavam a comida, o vinho, o encontro... De alguma maneira isso foi o pontapé inicial da Casa Vigil.

Pablo Sance, engenheiro industrial, trabalhava na indústria metalúrgica de uma renomada empresa em Mendoza quando seu cunhado ligou para fazer uma proposta irrecusável. Pablo recorda como algo muito motivante em sua vida. Vinha de uma trajetória de dez anos de trabalho em uma empresa emblemática onde havia ingressado recém-formado. Quando Alejandro o seduziu com o projeto, fazia pouco tempo que havia perdido o pai, Luis Sance.

María é oriunda de uma família de quatro irmãos de mães diferentes, em que ela é a mais velha, seguida de Lilia, Pablo e Gianluca. Pablo conta que após a morte do pai sentia que haviam ficado um pouco desconectados e que a proposta do cunhado significou uma oportunidade para voltar a se aproximar deles. Mas também sabia que não estava pulando no vazio: "Ale tem uma visão muito clara, e eu sempre fui fascinado por pessoas que estão vários anos na frente das demais, que vislumbram o que está por vir e dizem

a maneira como as coisas vão acontecer, e que depois de um tempo se confirma o que ela previu".

Em contrapartida, lhe interessava a mudança. Depois de uma década atuando dentro de uma grande estrutura, em uma empresa metalúrgica de desenvolvimento em larga escala, gostou da ideia de passar a ter um projeto mais próximo e principalmente trabalhar em algo próprio: "Nossa empresa, ter algo que nos pertencesse, trabalhar para nós mesmos".

Após a primeira conversa com o cunhado, Pablo se dedicou a criá-la do zero e lhe perguntou: "Como vamos trabalhar?". E Alejandro respondeu: "Eu faço o vinho e você faz todo o resto". "O que seria o resto?", questionou. "Não sei, já vamos vendo." E foi assim que eles começaram em 2015.

Naquela época, a província de Mendoza já promovia diferentes propostas turísticas relacionadas ao vinho: Música Clássica pelos Caminhos do Vinho, em 2001; as Rotas do Vinho, divididas por áreas vitivinícolas; Rally das Adegas, que já passou da vigésima edição; entre tantas outras. O enoturismo havia tomado conta do interesse dos visitantes da província, especialmente do vizinho Brasil, que havia começado (de forma lenta, porém constante) a percorrer as vinícolas e aproveitar o que elas tinham a oferecer.

Desde então, muitos visitavam e ainda visitam a vinícola pioneira em P&D (Pesquisa e Desenvolvimento do Catena Institute of Wine), consagrada várias vezes com cem pontos pela crítica internacional, onde Alejandro, também ganhador de vários prêmios, já exercia as funções de viticultor e enólogo. Os turistas percorriam a vinícola e queriam compartilhar os vinhos Catena Zapata e conversar com os produtores. Isso foi inspirador para iniciar o projeto Casa Vigil.

As testemunhas daqueles primeiros dias ajudaram a compor essa aquarela imaginada por Alejandro Vigil e que ele liberou para seu círculo próximo em doses homeopáticas para não os assustar. Pablo confessa

que esse início na churrasqueira em alguns momentos lhe parecia uma loucura. “Tenho cabeça de engenheiro, sou quadrado e estruturado...”. No entanto, havia algo que o incentivava a seguir e hoje percebe que as oito primeiras reservas se transformaram em pouco tempo em uma enorme empresa. “Nunca imaginei que seria assim”, diz a Ale, e este lhe responde: “Eu imaginei que seria assim desde o início”.

Durante os primeiros meses trabalhavam somente os quatro fundadores com a ajuda de Rosa. E se manteve assim de março a setembro de 2015. Uma graduada em Bromatologia, uma graduada em Relações Institucionais e em Marketing, um engenheiro agrônomo e um engenheiro industrial, mas nenhum

"NUNCA IMAGINEI QUE SERIA ASSIM", DIZ A ALE, E ESTE LHE RESPONDE: "EU IMAGINEI QUE SERIA ASSIM DESDE O INÍCIO".

gastrônomo. Pablo e Constanza começaram a compreender o desafio, a internalizar, a percorrer vinhedos para entender o que acontecia com o turismo.

A diretriz era criar um lugar para receber gente com comida e vinhos, por isso desde o primeiro momento foi chamado de "Casa". Convidavam as pessoas para irem à casa de Ale e de sua família, e o conceito era tão genuíno como o resultado. Chegavam buscando aproximação com o enólogo e Alejandro as recebia em sua casa e as tornava parte de seu círculo pessoal.

Aos poucos, a família extensa foi crescendo e se tornando uma comunidade. Viviana, uma vizinha de Chachingo, preparava umas empanadas deliciosas e as oferecia como entrada; a queijaria Qualtayé fornecia os queijos locais que eram servidos na sobremesa; outra vizinha amassava os pães; pouco a pouco, os arredores de Chachingo se transformaram na despensa da Casa Vigil. Em algumas ocasiões, Alberto Pozobón, o vizinho que criava coelhos, os preparava em uma panela redonda em fogo de chão; outro dia havia milanesas e ovos fritos para todos; e algumas vezes um prato fundo de lentilhas. O grande denominador comum de cada visita era o vinho e a família sentada à mesa.

Ao relembrar, todos os atores enfatizam a rapidez com que tudo ocorreu, mas para Alejandro: "Foi lento, porque antes de acontecer de fato, já havia passado mil vezes na minha cabeça". O certo é que tudo o que estava planejado foi acontecendo, e no próprio ritmo do que passava ao redor. Porque o projeto não é uma ilha, não é algo individual, não é algo que acontece apesar do resto. Não existe uma conta bancária que faça as coisas acontecerem. "Ninguém paga nossas contas, é preciso produzir para poder fazer, e isso que é bonito", sorri o artífice da Casa Vigil.

Em um dia de março de 2015 a bola começou a rolar e não parou mais. Vamos deixar rolar, meu amor...

ENEMIGO

UM LUGAR NO MUNDO

Chegamos a Chachingo porque sonhávamos com o próprio pedaço de terra. Muito semelhante ao sonho que alimentou durante anos a alma de muitos imigrantes que colocaram os pés nessas terras. Nos nossos sonhos imaginávamos uma horta e, claro, um vinhedo, um lugar onde criaríamos nossos filhos e onde aproveitaríamos a companhia de amigos, fazendo aquilo que sabemos e que gostamos de fazer. E Chachingo era o sonho possível, era uma terra economicamente acessível para nosso bolso. Mas naquela época Chachingo era pouco iluminada no mapa do vinho de Mendoza.

Para entender melhor do que estamos falando, sugerimos uma viagem ao passado para dar uma espiada nos primeiros registros de *nosso lugar no mundo*.

A região foi incorporada ao cenário nacional após a colonização das terras mendocinas no marco da chamada "conquista do deserto", embora sua denominação remonte ao ano de 1700, quando era a morada dos huarpes e de algumas famílias colonizadoras. De acordo com o que o Conselho de Estudos Históricos de Mendoza nos permite conhecer, Chachingo era um espaço geográfico muito antigo pertencente ao departamento de Maipú, conforme foi registrado em um documento de 1753 do presbítero doutor José de Coria y Moyano, que menciona, entre outras pessoas, o mestre de campo Dom Francisco Videla y Aguiar como figura principal do lugar, a quem os nativos chamavam de cacique Chachingo.

Um mapa topográfico de Mendoza correspondente a 1802 apresenta a localização da zona de Chachingo, que três anos depois, em 1805, Faustino de Ansay, presidente do Cabildo de Mendoza, entrega a José Pescara como concessão real. No mesmo mapa foram detalhados os limites que se tornaram a base de futuras localizações: "À frente (leste), com o caminho real de Barrancas; pelo oeste, com a propriedade dos Bustos; pelo sul, com as propriedades de Antonio Suárez e Javier Cabero; e pelo norte, com a propriedade dos Gómez". Este documento menciona que o terreno é caracterizado pela formação de vales pedregosos e pela ausência de água.

E a questão da água, como em toda Mendoza, será crucial na configuração atual da área. Durante o governo de Dom Tomás Godoy Cruz, em 1821, o fazendeiro Pedro Molina, importante proprietário no curso do rio, iniciou por conta própria a construção do canal Chachingo, desviando assim as águas da margem esquerda do rio Mendoza. Como todos os canais construídos durante o século XIX na província, ele foi feito à força de pá e picareta.

A concessão real em favor de José Pescara permitiu que seus filhos Pablo e Felipe, com proprietários vizinhos, construíssem mais tarde outro canal nas proximidades dessas terras: o canal Nascente (atualmente, canal Pescara). Essa nova construção instala uma captação de águas acima do rio Mendoza, semelhante à do canal Chachingo. Essas primeiras obras de infraestrutura foram de enorme importância para os irrigantes e até mesmo para a demarcação de fronteiras tangíveis entre distritos. É claro que as características do clima incentivaram os proprietários a construir esses canais que permitiam o acesso à água para suas terras. Por isso, o canal Chachingo, que recebeu o nome do local, foi um marco para o desenvolvimento agrícola posterior.

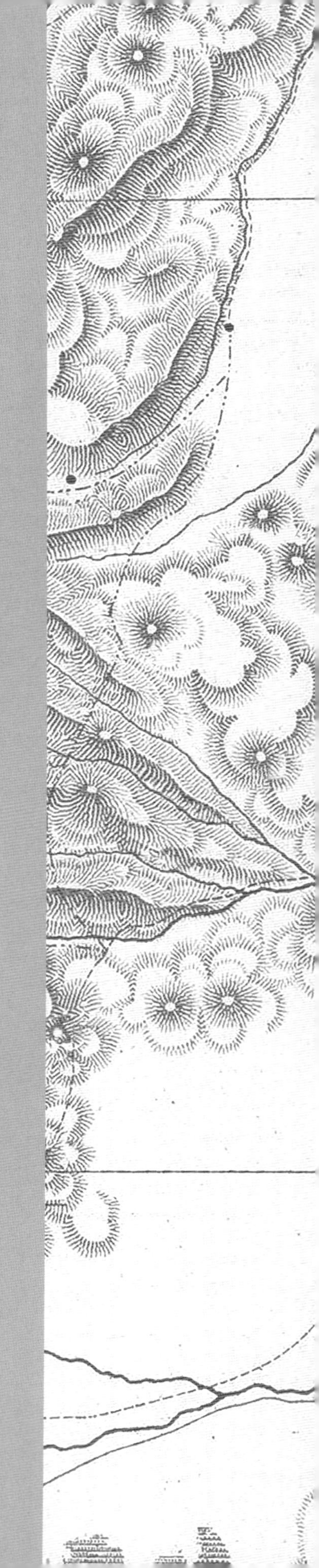

Quanto ao nome que identifica o local, o historiador Jorge Segura estima que sua origem esteja provavelmente associada a "uma corruptela da palavra *chadinco*, em araucana (mapuche), que significa 'água salgada', já que *chadi* é 'sal' e *co* é 'água ou córrego'. Também deve-se considerar, pela proximidade sonora, a palavra *chasico*, que na mesma língua indígena significa 'água amarga ou água ruim'".

Hoje, com limites topográficos já definidos e consolidados, Chachingo é uma paragem pertencente ao distrito de Rodeo del Medio, dentro do departamento de Maipú, e seu espaço geográfico apresenta características essencialmente rurais. A maior parte de sua extensão é destinada à produção agrícola, com diversas propriedades com vinhedos e em menor proporção olivais, empreendimentos familiares e médias empresas.

Um dos grandes atrativos de nossa região é o Parque Chachingo, uma reserva natural autóctone que possibilita passeios familiares e proporciona um espaço para a interação da comunidade. A área, que faz parte dos distritos de Cruz de Piedra e Rodeo del Medio, começou a se formar a partir de 1945 por iniciativa do Departamento Geral de Irrigação da província de Mendoza. O espaço verde nasceu como área de defesa das cheias do rio e, com o passar dos anos, se transformou em um parque recreativo com antigas e variadas espécies de árvores.

Esse é o lugar em que ingressamos em 2006. Mas ao chegar nos encontramos com uma terra chamada "*la loma* do Chachingo", ou seja, o local onde o diabo perdeu as botas ficava na próxima esquina. Para nós, que buscávamos nos apropriar dos arredores e conhecer tudo sobre nosso novo lar, encontrar a tal da "*loma*", curiosidade à qual nos dedicamos nos primeiros tempos, foi um grande desafio. Consultávamos aqui e acolá e ninguém sabia muito bem se existia. Logo entendemos que era um recurso pejorativo para definir nossa região e o motivo do encobrimento.

Muito parecido com "onde o vento faz a curva" e "lá nos cafundós", é um recurso para se referir a lugares longínquos, embora a tradução literal da palavra *loma*, ao português, seja colina. Esses locais, segundo o escritor e jornalista argentino Pablo de Santis, "são classificados em dois grupos: os que estão longe de nós ou de outros pontos geográficos, e os que estão longe de tudo. É o caso de Loma del Peludo, Loma del Quinoto e de outras regiões semelhantes que ostentam nomes obscenos (talvez, quando alguém chegue aí, se esqueça de que esse nome é um palavrão; é tão longo o caminho que o viajante cansado se esquece de quase tudo). Nenhum desses lugares levemente montanhosos, que alguns acreditam ser desertos cheios de plantas espinhosas, aparece nos mapas comuns nem em artigos da *National Geographic*; tampouco a região conhecida como 'onde o diabo perdeu as botas'".

Essa descrição simpática que De Santis faz em *Invenciones argentinas: guía de cosas que nunca existieron*, confirmou que nossa *loma* do Chachingo pertence a uma categoria de coisas imateriais, mas muito enraizadas, das quais há um enorme acervo e que aparecem de forma recorrente em territórios extensos como os da Argentina. Apenas para citar alguns casos mais frequentes, em suas formas originais: *Cochinchina*, *Fin del Mundo*, *la loma del Diablo*, *la loma del Carajo*, *la loma de los Quinotos*, *la loma del Peludo* e inúmeras expressões que durante anos serviram para expressar a distância em nosso território.

Quando chegamos a Chachingo, muitos diziam "moro em Maipú". No entanto, hoje se nota um certo orgulho quando se fala dessa região e nos sentimos parte desse empoderamento.

A Casa Vigil ocupa o lote da rua Videla Aranda 7008, pertencente à zona de Chachingo, departamento de Maipú, a apenas trinta quilômetros ao sudeste da cidade de Mendoza. Em seus primórdios eram quatro hectares, mas com o tempo e o acréscimo de sonhos e projetos, a propriedade cresceu e hoje conta com nove hectares.

Na Casa Vigil temos nossas *lomas* do Chachingo, onde localizamos os vinhedos. Resultado tanto do humor como da necessidade e do aproveitamento dos recursos, quando fizemos os túneis para construir a adega nasceram nossas *lomas*. Quando a terra foi retirada das escavações, Ale, fiel ao seu estilo, lançou: "Acho que vamos fazer as famosas *lomas* do Chachingo, já que ainda não as encontramos".

Já faz algum tempo que nós vizinhos estamos orgulhosos. Hoje dizemos Chachingo para o mundo e reafirmamos esse orgulho em tudo o que empreendemos.

EL JUICIO
Bodega Los Valientes
Los Glotones

A IDENTIDADE

Trabalhar a terra

A agricultura corre nas nossas veias, está no centro constitutivo da Casa Vigil. Não importa para onde o caminho nos leva, trabalhar a terra sempre fez parte do plano. Qualquer um que já tenha passado por isso sabe que se tornar um agricultor pressupõe um ciclo arbitrado pela natureza, que se repete ano após ano, estação após estação, mas nunca é igual a si mesmo, nem ao anterior, nem ao seguinte. Sempre há expectativa, sempre há surpresas, e sempre há revanche.

Quando se mergulha nesses oceanos terrestres, o organismo segue o ritmo que define a natureza, esse compasso se torna realidade no primeiro contato com a terra e já não há caminho de volta. Continuar conectado com o pulsar da natureza foi nosso projeto desde o primeiro dia. Dessa matriz inevitável surgiu a Casa Vigil.

"Essa conspiração do mundo que leva você a trabalhar no vinhedo, a trabalhar em uma adega, a fazer vinho desde criança, a vendê-lo em garrafões... leva à lembrança de minha avó preparando empanadas com sal para que as pessoas tomassem mais vinho... no final, tudo isso tem a ver com essa conspiração dos astros", um conjuro que nosso ideólogo repete ao rever a gênese da Casa Vigil.

Aos cinco anos, Alejandro percorria os vinhedos de San Juan a cada verão na companhia de seu avô viticultor. Ali absorveu o ofício que lhe ensinou o avô Tristán e do qual se apropriou quase

CONTINUAR CONECTADO COM O PULSAR DA NATUREZA FOI NOSSO PROJETO DESDE O PRIMEIRO DIA. DESSA MATRIZ INEVITÁVEL SURGIU A CASA VIGIL.

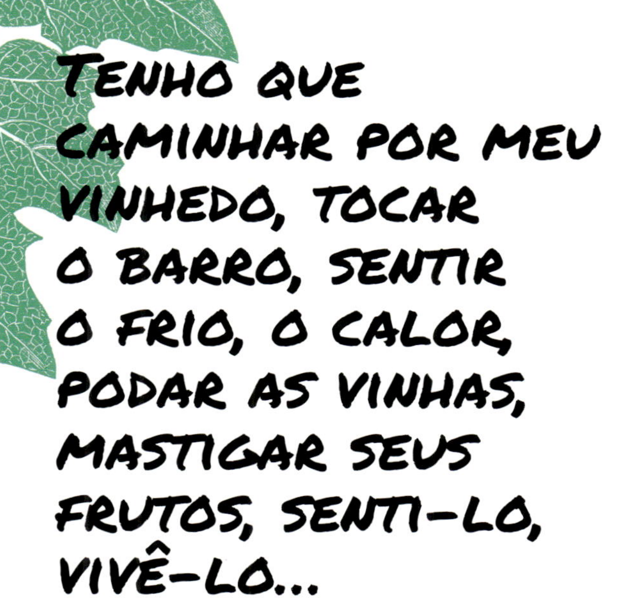

com a mesma velocidade com que deu os primeiros passos. É impossível que essas lembranças não tenham deixado suas marcas. Um registro que sem dúvida e muito cedo marcou o ofício que desenvolveria o resto de sua vida. “Além disso, com esse ofício, meu avô me mostrou uma visão sobre o esforço e o trabalho”, e todo esse espírito Alejandro colocou em sua paixão por fazer. Fazer primeiro vinho e anos mais tarde, a Casa Vigil.

Sempre foi em contato com a terra. Mal terminou a formação básica, encontrou um trabalho na Comissão Nacional de Energia Atômica e, por essa razão, a engenharia química cruzou seu caminho de forma fugaz. Mas quando chegou a hora da verdade e era o momento de se matricular, foi direto para a agronomia. “Adoro matemática, mas preciso do contato com o solo.” Hoje tem diploma de engenheiro agrônomo e não há um único dia que ele não percorra os vinhedos. Estar perto do vinhedo é o que garante a capacidade de dar à vinha tudo o que ela necessita para produzir as melhores uvas e obter vinhos de excelência.

“Tenho que caminhar por meu vinhedo, tocar o barro, sentir o frio, o calor, podar as vinhas, mastigar seus frutos, senti-lo, vivê-lo... Cada um desses vinhos que faço podem agradar ou não; a única certeza é a de que eles são parte do que eu sou. Dentro dessa garrafa não há nada mais do que aquilo que sou como pessoa, como agricultor, como pai, como esposo, como amigo, como filho, como chefe, como irmão... É o que sou quando levo meus filhos ao colégio, quando discuto com a minha esposa, quando a abraço, quando rego o jardim... Meu vinho é tudo o que sai

daqui, tudo o que está aí... Fazer vinho tem mais a ver com tudo isso do que com um processo químico. Quando falamos sobre paisagem em uma garrafa, isso significa não apenas uma fotografia, é muito mais profundo e simples ao mesmo tempo. Tem a ver com um lugar, o lugar que estou vendo e onde vivo. O que é uma safra? É o que aconteceu comigo... não é a temperatura, a geada, mas o que aconteceu comigo naquele ano... e, como acontece com todos nós, às vezes temos anos mais rústicos, outros menos rústicos, anos esquecidos, anos encontrados..."

Para Alejandro tudo é muito intenso, e o fruto dessa paixão é a Casa Vigil. No entanto, para compreendê-los um pouco mais como agricultores, vale falar desse lugar no mundo, Mendoza. A região de Cuyo à qual pertence tinge a pele com a cor de suas oliveiras e suas vinhas, com seu sol incandescente de trezentos e sessenta dias por ano, seus tomates suculentos e doces, seus alhos perfeitos e perfumados, seus canais de irrigação às vezes torrenciais, às vezes escassos, suas geadas e seu vento zonda.

Foi nestes solos, há quinhentos anos, que se uniram dois mundos, um nativo e outro imigrante; ambos resilientes que buscaram trilhar seu caminho e em tempos de paz trocaram costumes e saberes. Assim, os cultivos nativos da Europa encontraram lugar neste Novo Mundo e foram enriquecidos pela cultura e pelos costumes locais, que em muitos casos acabaram substituindo tradições centenárias.

Embora não haja detalhes sobre o início da implantação desses cultivos na região de Cuyo, há elementos suficientes para supor que na época da Colônia a região se transformou na área mais importante dedicada à vitivinicultura. Já na fundação da província de Mendoza, em março de 1561, Pedro del Castillo foi responsável pela distribuição de terras cultiváveis, e em seus registros está expressamente declarada uma fração concedida para chácara e vinhedo. Mudas de oliveiras e de vinhas, assim como sementes de distintos cultivos fizeram parte da bagagem que os colonos trouxeram consigo e com a qual buscaram recriar o mundo que conheciam.

A AGRICULTURA CORRE NAS NOSSAS VEIAS, ESTÁ NO CENTRO CONSTITUTIVO DA CASA VIGIL.

Esta terra exigiu o trabalho árduo e constante desses colonos dos quais descendemos. Um território claramente promissor na atualidade, fruto de uma construção cultural de recursos e seu aproveitamento. Não é à toa que a palavra em quéchua *cuyo*, denominação da região onde está inserida Mendoza, significa "terra de areia", que é como esse oásis de altitude era descrito.

Como ficou demonstrado na história da evolução humana, o surgimento de cada novo assentamento, em qualquer canto da Terra, exigiu a disponibilidade próxima de água, elemento essencial que torna possível todo o resto. Nada cresce nestas terras semidesérticas por vontade própria, á água é indispensável. A água é sempre um recurso significativo, mas em Mendoza e na região de Cuyo esse conceito ganha outra dimensão.

Assim como há mais de quinhentos anos, a água é o que determina nossa jornada, ainda hoje, na Casa Vigil. Esse elemento tão necessário, proveniente do degelo das encostas da Cordilheira dos Andes, evita que essas terras sejam um deserto. Os huarpes, povos nativos da região, foram os primeiros a aproveitar esse recurso: em meados do século XVI, eles ocupavam os vales férteis ao pé da Cordilheira dos Andes, região demarcada pelos atuais rios San Juan, Mendoza e Tunuyán, que são os coletores da rede hídrica proveniente do degelo da cordilheira.

Os aquedutos, legado huarpe em nossa terra, são um tipo de obra hidráulica que consiste em um canal construído para direcionar a água para irrigação ou abastecimento. Os aquedutos pré-hispânicos desta região têm sua origem em um sistema de irrigação desenvolvido pela civilização inca. A Mendoza atual foi a fronteira sul do Império inca por volta de 1400, e acredita-se que nesse território exerceram seu domínio sobre os huarpes até pouco tempo antes da chegada dos espanhóis. Embora não existam registros confiáveis que demonstrem que foram os incas quem impuseram seu sistema de abastecimento de água na região, podemos supor que eles contribuíram para o seu desenvolvimento a fim de obter um melhor aproveitamento do território incorporado ao Império.

Na mesma ordem teórica, argumenta-se que os huarpes colocaram sua própria marca nesses sistemas, pois souberam aproveitar as falhas geológicas preexistentes para direcionar a água através delas. Os huarpes corriam atrás da água, desviavam a corrente com uma pá e cortavam as ervas daninhas com um facão para proteger o curso de água. Os conquistadores espanhóis foram sábios em aproveitar esse sistema de irrigação e ampliá-lo à medida que os territórios foram sendo povoados.

Rapidamente compreenderam as vantagens do sistema e, segundo registros da época, em 1566 o conselho municipal de Mendoza estabeleceu algumas normas para que as chácaras ao redor dos principais aquedutos fossem responsáveis por reparar e manter a limpeza dos canais de irrigação, a fim de evitar que os demais habitantes ficassem sem água. O recurso era tão essencial que, anos mais tarde, foi criado o cargo de “prefeito de águas”, responsável por fornecer aos produtores a água necessária para um desenvolvimento adequado.

ASSIM COMO HÁ MAIS DE QUI-NHENTOS ANOS, A ÁGUA É O QUE DETERMINA NOSSA JORNADA, AINDA HOJE, NA CASA VIGIL.

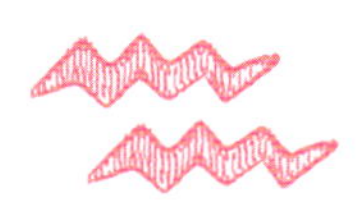

NADA CRESCE NESTAS TERRAS SEMIDESÉRTICAS POR VONTADE PRÓPRIA, Á ÁGUA É INDISPENSÁVEL. A ÁGUA É SEMPRE UM RECURSO SIGNIFICATIVO, MAS EM MENDOZA E NA REGIÃO DE CUYO ESSE CONCEITO GANHA OUTRA DIMENSÃO.

Tanto María como Alejandro buscaram recuperar e aprofundar seu vínculo com a terra: aprenderam a amar este solo de Cuyo, a cuidar dele e a torná-lo frutífero e próspero.

Foi assim que as pequenas propriedades e a produção vinícola prosperaram, e o trabalho em distintos cultivos foi ganhando cada vez mais importância para a economia da região. Nessas áreas, onde prevalecia a atividade vinícola, desde os tempos coloniais já predominavam as propriedades de pequeno e médio porte. Os agricultores dessas propriedades dedicavam-se a uma produção diversificada que lhes permitia, com a sazonalidade dos diferentes cultivos, garantir uma economia de subsistência às famílias que se ocupavam desse trabalho.

No início de 1800, essa indústria representava cerca de sessenta e nove por cento do valor dos produtos enviados de Mendoza para o resto do vice-reinado. Uma indústria da qual participavam todas as camadas sociais seja com suas terras, seu trabalho, com o fornecimento de ferramentas ou qualquer outra tarefa nessa cadeia de produção. A vinha, a oliveira e a horta foram incorporadas à vida cotidiana, às casas, às relações interpessoais e foram forjando o caráter dos habitantes destas terras.

E assim se moldou nosso solo. Criada pelo pai e pela avó paterna, devido à morte prematura de sua mãe, María se viu imersa na propriedade da família desde muito cedo. Ela fazia isso em

El Carrizal, cuidando das galinhas e da horta. Depois de um tempo, seu pai conheceu outra pessoa e ela ganhou alguns irmãos, com os quais passou a compartilhar essa paixão precoce, uma prática que garantia o sustento da família.

Alejandro, por outro lado, foi apresentado ao trabalho com a terra e aos vinhedos em San Juan por seu avô Tristán. Seus pais se separaram quando ele tinha quatro anos e, naquela época, os verões em San Juan eram as melhores coisas do mundo. E foi assim até ele completar dezoito anos. Na calorosa San Juan aconteceram as amizades de infância, as melhores histórias, aquelas que ocorrem durante as férias, as broncas por fugir para a praça, os aquedutos que eram como piscinas, o almoço invariavelmente às treze horas, o vinho do meio-dia, a comida que sem pão não é comida. Ali também foram forjados alguns valores: o amor pelo trabalho, a amizade, a família e os códigos das ruas, entre os mais elementares. "Foi aqui que me picou o bichinho da vitivinicultura", afirma Alejandro ao recordar esses primeiros anos.

Quando começaram sua vida de jovens adultos, tanto María quanto Alejandro buscaram recuperar e aprofundar o vínculo com a terra. Ela, por meio da biologia, do laboratório, do estudo de como os alimentos influenciam a saúde e da composição deles. Ele, por meio da agronomia e de sua especialização em solo e irrigação, incorporando gradualmente os trabalhos próprios do vinhedo. Ambos aprenderam a amar este solo de Cuyo, a cuidar dele e a torná-lo frutífero e próspero.

5

A Casa Vigil é a mais perfeita síntese dessa trajetória. Um projeto familiar do qual participam todos os afetos, os laços de sangue mais íntimos e a família por adoção, os amigos que a vida presenteia. Um lugar onde não é raro encontrar irmãos, cunhados, filhos ou María e Alejandro atendendo as mesas e interagindo com os visitantes. Um lugar que oferece uma comunhão entre a comida e o vinho, que nunca deveriam estar separados. Um lugar que é uma casa que recebe de braços abertos e onde a gastronomia é vinho, comida, sintonia, risadas, prazer, tempo, continuidade, comunidade, ambiente e novamente família.

Toda essa experiência acontece neste lugar no mundo, Chachingo, uma região onde a Casa Vigil convive com outros agricultores, pessoas que, da mesma forma, trabalham em suas propriedades e vivem esse vínculo irresistível, íntimo e profundo com a terra.

O atendimento

A premissa é fazer com que se sintam em casa. Conseguir que cada visitante se sinta incluído é o que melhor define o espírito da Casa Vigil. Cada uma das pessoas que fazem parte do projeto sabe disso e juntas buscam alimentar constantemente esse espírito. Este é o lar de María e Alejandro e é nesta casa onde recebemos nossos visitantes.

Essa energia que a equipe coloca à disposição dos que nos visitam é o que nos torna a Casa Vigil. Fazemos parte disso e é assim que esperamos que a equipe se sinta. É por isso também que sabemos valorizar e reconhecer todas as conquistas. Alejandro reafirma essa ideia e diz: "Nós vivemos aqui, logo ali estão as paredes de nossa casa, estamos sempre perto".

Talvez o primeiro grande desafio do empreendimento tenha sido encontrar a maneira de comunicar essa ideia de projeto familiar aos integrantes que foram chegando no decorrer do tempo. Não só que pudessem entender a Casa Vigil, mas que vivessem e sentissem o mesmo que os fundadores. De alguma maneira, estimulamos o conceito de família: todos éramos tios, primos, irmãos, sobrinhos. Apesar de o elo sanguíneo dentro do projeto ocupar um espaço central, já que muitos dos membros têm laços de sangue, a verdade é que com toda a equipe formamos uma grande família. Ainda que sejamos muito profissionais em nosso trabalho, sempre prevalece esse toque extra de proximidade e amor que tratamos de cuidar e transmitir.

Nosso vínculo é genuíno e sincero e consideramos essencial mostrar à equipe que estamos todos disponíveis para fazer o trabalho. É comum encontrar qualquer um de nós levando pratos às mesas, embora essa não seja necessariamente nossa função. Fazemos tudo o que é possível para que seja uma experiência agradável. A equipe nos observa e nota esse compromisso. São muitas horas de trabalho, mas sempre mantemos o espírito de time, colaborando com o que seja necessário. "Somos uma família", costumamos repetir uns para os outros.

O projeto ao todo é composto de quatrocentos e oitenta e cinco empregados que atendem à demanda de dez restaurantes, e esses quatrocentos e oitenta e cinco não são números, mas pessoas, indivíduos com os quais formamos uma unidade. Pessoas com

histórias, alegrias e desalentos que devemos e queremos levar em consideração. Quando se trabalha dessa maneira, os resultados são sempre positivos.

É claro que há mais família. Lilia Sance, irmã de María e Pablo, juntou-se ao projeto logo no início e, embora não fizesse parte do núcleo fundador, rapidamente se dedicou ao atendimento e à atração de turistas. Formada em Comunicação Social, com especialização em Gestão Cultural e ampla experiência em estratégias de comunicação, promoção, marketing e produção de eventos ligados ao fomento do turismo em Mendoza, ela se concentrou em criar o Departamento de Turismo da Casa Vigil, a pedido de Alejandro. A ideia era estabelecer um vínculo com as agências de viagens, as associações gastronômicas e as câmaras de turismo, com o objetivo de inserir a Casa na comunidade gastronômica e turística. "Foi incrível como Ale me transmitiu o conceito do que ele queria fazer quando tínhamos apenas um salão e uma propriedade arborizada", conta Lilia, que usou suas habilidades de comunicação para cumprir o desafio.

"A diretriz era muito concreta: oferecer hospitalidade, bem-estar, fazer o cliente se sentir em casa degustando os melhores vinhos, com uma identidade gastronômica. Transmitir o lugar, a província, a influência de nossos ancestrais... um lugar de homenagens", relembra Lilia, que aos poucos foi incluindo outras funções relacionadas à comunicação no universo Vigil.

5

Hoje o define com base em três linhas que marcam o espírito do projeto: "Somos uma casa cultural, somos uma casa natural e familiar e somos uma casa sustentável". Nesses conceitos se baseiam nosso futuro e nossa identidade.

***

"Sou uma família de coração dentro dessa grande família", define sem pudor Federico Berardo, gerente de Atendimento, ao relembrar sua descoberta da Casa Vigil: "Estavam todos trabalhando e faziam de tudo um pouco, e eu comecei a ajudar. Era um sábado e eu havia levado meu irmão até o local porque ele trabalhava como funcionário temporário no salão. Meu irmão insistiu que eu conhecesse o projeto, então fiquei para visitá-lo. E o lugar encheu de gente, uma demanda que excedia o que eles haviam previsto para aquele dia, então me ofereci para ajudá-los. Achei muito fácil e natural fazer isso, parecia que eu estava recebendo amigos que foram me visitar em casa. Era como uma reunião familiar de fim de semana, algo muito mágico. Esse sentimento de vínculo filial que é gerado na Casa Vigil emana do círculo interno e muitos clientes percebem isso e perguntam: 'E você, o que é do Ale, primo, irmão?'."

Quando Federico ingressou em 2016, estávamos por completar um ano e o atendimento era realizado por uma equipe de cinco pessoas. Ao finalizar essa primeira jornada, Alejandro perguntou: "Amanhã você volta, né?", e Fede não quis contrariá-lo, apresentando-se no dia seguinte sem pensar duas vezes. Ele não vinha

do universo da gastronomia e conhecia bem pouco a indústria da hospitalidade, estudava Direito e faltavam poucas matérias para se formar como advogado, no entanto, nesse dia algo havia acontecido que o fascinou.

Uma semana se transformou em duas e rapidamente em outras mais. Aos três meses de trabalho no projeto, Ale o chamou no escritório e lhe disse: "Vá para casa descansar e venha segunda-feira logo cedo, porque você vai começar como chefe de serviço".

À frente do salão, ele se tornou o guardião do conceito de "uma família de Mendoza que recepciona e atua como anfitriã, que oferece boa gastronomia, muitas vezes da própria horta, que oferece os vinhos mais perfeitos e acompanha em sua diversão". Para garantir essa filosofia, com cada novo membro da equipe fazemos um trabalho de imersão na Casa Vigil, percorremos a propriedade, contamos nossa história, como começamos por conta própria, nossos objetivos e o modo como entendemos esse trabalho. Depois dessa primeira apresentação, é responsabilidade de cada chefe de praça manter acesa a chama. Essa marca pessoal e os treinamentos permanentes dos quais participamos fazem o restante do trabalho.

EL ENEMIGO
CHARDONNAY
2019

GRAN
ENEMIGO
2017

VIGIL

brogas

LAVRAR

Como parte dessa forma de entender a Casa Vigil, María Sance explora sua paixão como professora e leva as equipes de cozinha para a horta a fim de treiná-las em seu método. Os tomates representam um dos produtos diferenciados da horta, por isso María trata de dar algumas explicações sobre as distintas variedades cultivadas, muitas das quais provenientes de genéticas antigas; sobre como as cores correspondem a diferentes compostos que dão sabores e tonalidades específicas; as particularidades dos tomates facetados, dos mais deformados aos que apresentam cores mais escuras, típicos de uma variedade antiga que se caracteriza pelos poucos dias de sobrevivência pós-colheita e por ser quase impossível o transporte devido à sua delicadeza, embora ofereça um sabor e um equilíbrio entre acidez e açúcar inigualáveis.

María afirma que esse exercício lhe permite sair do âmbito acadêmico e levar para o campo todo o conhecimento que adquiriu. O projeto liderado por ela, chamado Lavrar (*Labrar*, em espanhol), nasceu para explorar com profundidade o mundo dos vegetais,

prestar uma homenagem a nossas raízes de viticultores e agricultores, celebrar nossa história e gerar crescimento, colocando as mãos em uma horta familiar, a fim de transmitir esse sentimento no sabor e no coração de cada prato servido na Casa Vigil. Lavrar é a horta que ocupa um hectare e meio da nossa propriedade, onde são produzidos vegetais regionais e sazonais para utilização na cozinha da Casa Vigil e numa linha de produtos de delicatéssen.

A lavra, ou lavoura, se refere a todas as tarefas realizadas para que um cultivo dê frutos. Isso implica preparar a terra e abrir o solo para dar à semente a possibilidade de germinar. Em todo esse trabalho incluímos os treinamentos com as equipes, que, como sabemos, é outra forma de lavoura.

Mas dentro desse projeto também nos concentramos em apoiar e acompanhar o trabalho dos pequenos produtores locais. Esta ação com a qual promovemos o desenvolvimento dos produtores das imediações, num contexto de comércio justo, nos permite uma convivência mais equilibrada com quem nos rodeia e garante um volume de matérias-primas diretas do produtor para a nossa mesa.

A Lavrar apoia o desenvolvimento rural para que a população não renuncie a seu desejo de permanecer em seu lugar de origem e trabalha em conjunto com a Universidade Nacional de Cuyo em diversos projetos ligados à manutenção e revalorização da biodiversidade hortícola da área, com ênfase especial nas variedades antigas de tomate. Para isso, utiliza práticas de agricultura regenerativa, promovendo a conservação do solo e a diversidade hortícola.

***

A este setor liderado por María soma-se a colaboração de Gisela Amat, uma "chachinguense" raiz que se juntou à Casa Vigil nos primeiros dias do projeto e atualmente coordena a área de Sustentabilidade e Cuidado do Meio Ambiente, bem como as ações sociais e os laços com a comunidade.

Vizinha da Casa Vigil, de pais e avós nascidos e criados em Chachingo, família de viticultores com terras e tudo o que isso representa nestes arredores, Gisela entrou no projeto inicialmente como uma jovem estudante universitária que auxiliava nas visitas guiadas e degustações. À medida que o projeto foi tomando forma, um pouco naturalmente, um pouco por curiosidade e interesse próprio, ela foi dando ideias e fazendo propostas para o desenvolvimento dessas áreas.

Entendemos esse trabalho como algo que vai muito além de nós mesmos. De nada adianta prosperar se ao nosso redor as pessoas não prosperam junto. Para garantir a sustentabilidade da Casa Vigil, reforçamos o vínculo com o que nos rodeia. Por isso apostamos no desenvolvimento de diferentes práticas de sustentabilidade: a gestão integral de resíduos para alcançar o *resíduo zero*; o gerenciamento orgânico da horta e do vinhedo e o trabalho com a comunidade de Chachingo.

À medida que fomos crescendo, entendemos a necessidade de colocar em prática ações para proteger os recursos naturais e cuidar do ambiente que nos rodeia. Gisela, que no início estudava Desenho Industrial, ao ver que gerávamos muitos resíduos de vidro, um dia sugeriu a María que começasse a separar os materiais descartados. Esse simples ato foi o estopim de tudo.

"Eles sempre me transmitiram muita confiança, eu faço propostas e eles me dizem 'vamos adiante', e isso é único. Fico feliz em sentir que tudo o que faço tem um impacto nas questões sociais e ambientais, sou muito grata. Só sairia deste lugar se me mandassem embora", diz Gisela a quem queira ouvir.

Embora Gisela estivesse orientada à sustentabilidade, interessada no desenvolvimento de produtos reutilizando materiais reciclados, rapidamente percebeu que era completamente apaixonada por essa tarefa que havia iniciado e que tinha muito potencial. O início foi intuitivo, mas logo precisou de mais recursos e ferramentas técnicas, já que tanto María como Alejandro lhe davam liberdade de ação para ampliar esse caminho. Então, um belo dia decidiu mudar sua formação para Gestão Ambiental e adquiriu os recursos para desenvolver a área.

Ambiente e sustentabilidade

Nossa gestão integral de resíduos inclui a separação, a compostagem e o trabalho com recicladores urbanos. Temos aprendido e melhorado muito a cada ano. De 2018 a 2020 foram descartados de forma correta cerca de oitenta e três mil quilos de resíduos recicláveis, dos quais oitenta por cento era vidro. Em 2021, melhoramos os números e processamos setenta mil quilos em um único ano e, em 2022, a cifra chegou a quase oitenta e cinco mil quilos e incorporamos o processamento de quase dezoito mil litros de óleo vegetal usado.

Ao longo desses anos, trabalhamos com cerca de dez cooperativas de catadores urbanos e empresas privadas que processam diferentes materiais e fazem parte dessa rede que criamos.

Neste ponto encontramos nossa própria definição de triplo impacto, em que vinculamos o meio ambiente, a economia e a sociedade com base em três pilares: coração, olhos e pés, os quais estruturam nossas ações. Entendemos que essa analogia com o corpo humano permite definir o ecossistema de nossa empresa. Os distintos órgãos trabalham em conjunto em torno de um objetivo comum. O equilíbrio entre as diferentes partes é o que garante a estabilidade de todo o sistema.

O *coração* está vinculado aos nossos esforços internos, que fazemos dentro da empresa, os treinamentos, as palestras, as oficinas e tudo o que corresponde à sensibilização ambiental interna.

Os *olhos* se referem à externalização do interno. Ações concretas para gerar conscientização ambiental ao nosso redor.

Os *pés* correspondem aos projetos que nos envolvem de forma direta com a natureza, como os reflorestamentos, a separação correta dos resíduos e os processamentos.

Área de comunidade (RSE)

O trabalho que realizamos nesta área gira em torno da escola vizinha José Sixto Álvarez de Chachingo, com a qual nos associamos em 2015, assim que a Casa Vigil tomou forma. A primeira ação foi propor à escola a comemoração do Dia das Crianças. O fato de Gisela ter estudado lá nos aproximava ainda mais da escola e, sobretudo, nos permitia trabalhar com uma população de crianças dos anos iniciais do ensino básico, que atravessam a fase mais importante da vida de uma pessoa.

Começamos a conhecê-la e descobrimos que se tratava de uma instituição de mais de cem anos, que naquele momento acolhia cento e trinta crianças, em jornada integral, as quais almoçavam na escola. Com o tempo, passamos a comemorar os aniversários a cada dois meses e, aos poucos, fomos criando diferentes ações solidárias para as quais convidamos a todos que quisessem participar.

Criamos o projeto Mochi, cujo objetivo é fornecer mochilas novas e material escolar a todas as crianças no início do ano letivo, para o qual convidamos a comunidade e o transformamos em uma ação que se mantém ao longo do tempo. Mochi permite a quem participa do projeto se responsabilizar por uma criança com nome e sobrenome, gerando um vínculo e um comprometimento direto entre eles.

Durante a pandemia, nossa colaboração se estendeu a uma cozinha solidária que atendia o mesmo público da escola. María, uma vizinha do bairro, se esforçava para alimentar cento e cinquenta pessoas duas vezes por semana. Então nos juntamos à iniciativa dela e acrescentamos um dia mais de cozinha. Contribuímos com panelas e insumos e implementamos uma cesta básica para as famílias. Estipulamos uma cesta básica como modelo e quem quiser aderir poderá fazê-lo contribuindo com o valor de uma ou mais cestas.

Também passamos a trabalhar com um grupo de mulheres da comunidade quando conhecemos uma pessoa que nos contou que dava aulas de costura, iniciativa que achamos bem interessante porque permitia às mulheres da comunidade conquistarem certa independência financeira. Aos poucos muito mais mulheres foram participando, e elas também aprenderam a confeccionar roupas com distintos fins. A ideia é nos tornar um elo para que essas mulheres possam garantir um rendimento econômico independente.

Muitas das iniciativas que se mantêm há vários anos deram vida à Fundação Chachingo, cujo principal objetivo é criar um instituto de ensino superior com orientação enogastronômica na região. Nossa intenção é proporcionar uma formação que dê oportunidades de trabalho, contribuir para a geração de recursos humanos para esta indústria da qual fazemos parte, além de fornecer ferramentas para aqueles que queiram permanecer na região possam fazê-lo e, assim, evitar deslocamentos.

Percorrer as vinhas, realizar degustações, provar as uvas, descrever aromas e sabores, contar o ciclo do vinhedo... É muito fácil se apaixonar por isso, inevitável, inclusive. Neste cenário da Casa Vigil, só em Chachingo oferecemos trezentos couverts diariamente, além de degustações e visitas guiadas. Trabalhamos com um *staff* composto de garçons, sommeliers, cozinheiros, chefes de praça, guias turísticos, recepcionistas e promotores de eventos. Adoramos moldá-los *all'uso nostro* e transmitir-lhes nossa paixão, mas também queremos que se formem como profissionais em seu ofício. Por isso, ajudamos para que tenham acesso à formação em diversas áreas: idiomas, atendimento, vinhos e muito mais. Queremos que nosso projeto cresça e se torne robusto ao mesmo tempo que nossas pessoas e nossos arredores crescem junto com a gente.

E
G
P
F
Q
h
c
n
g
T
D
C
H
A
B
L

A arqui tetura

A engenharia do projeto Casa Vigil

Como as antigas moradias construídas pelos imigrantes que chegaram à Argentina, a Casa Vigil foi crescendo ano após ano, acrescentando módulos, estruturas, cômodos, espaços e sendas que foram se conectando. A dinâmica do projeto exigiu rapidamente a incorporação de novos edifícios, alguns para receber mais visitantes, outros para oferecer um melhor atendimento, construções que foram inseridas de maneira orgânica para dar vida a esta casa que somos hoje.

O ponto de partida foi a antiga churrasqueira familiar que havia nascido com outro destino, mais intimista, mais doméstico, e que, fruto de um primeiro papo entre María, Alejandro e Pablo, num domingo de piscina no verão de 2015, foi se modificando. Pablo se lembra muito bem daquele dia porque jogavam River Plate e Boca Juniors em Mendoza e "Ale tinha entradas para que fôssemos ver o jogo. Por conta da intensidade da conversa sobre o novo projeto, nunca chegamos ao estádio. Ale torce pelo Estudiantes de La Plata e eu pelo Boca. Aquela tarde o Boca ganhou do River de cinco a zero, mas essa já é outra história. Naquele dia, do qual me lembro como poucos, pela primeira vez cogitei deixar meu trabalho e entrar de cabeça nisso".

Quando começamos efetivamente, a propriedade familiar tinha quatro hectares. Primeiro, acrescentamos parcelas de terra com oliveiras, ameixeiras e choupos, mais tarde foram incorporadas outras três propriedades e hoje temos um total de nove hectares.

Ignacio Nacho Márquez, irmão de Alejandro por parte de mãe, entrou no projeto como arquiteto logo nas obras iniciais. "Nunca pensei que tudo isso aconteceria tão rápido", diz ele, embora desde o momento que ele colocou os pés na Casa Vigil o espaço esteja constantemente em obras e seja comum ver um novo projeto que passa da planta para o tijolo. Não imagina que em algum momento os projetos terminem, porque "sabendo como é o Ale", sempre aparecem desafios novos.

A reforma inaugural ocorreu em 2014, antes que a ideia da Casa Vigil fosse compartilhada com o círculo interno. Tínhamos uma pérgola sem telhado onde Ale esperava instalar um espaço para receber visi-

tantes. Um desses visitantes foi o renomado crítico de vinhos espanhol Luis Gutiérrez que, desde 2013, reporta sobre os vinhos da Espanha, do Chile e da Argentina para a publicação *Wine Advocate*, de Robert Parker. Em 2018, o próprio Gutiérrez atribuiu a dois vinhos de Alejandro os primeiros 100 pontos Parker para vinhos da Argentina: o Catena Zapata Adrianna Vineyard River Stones 2016, da vinícola Catena Zapata, e o Gran Enemigo Single Vineyard Gualtallary Cabernet Franc 2013, de Aleanna, seu projeto compartilhado com Adrianna Catena.

Assim como Gutiérrez, muitos conhecedores do mundo do vinho viajam pela província para conhecer de perto os vinhos locais. Essas visitas incentivaram o início do projeto. Ale se reuniu com Pablo e Nacho, eles tinham que construir um telhado para a pérgola e transformá-la em um local semicoberto que serviria como hall de entrada. Ale sabia que esse era o início de um caminho que já havia imaginado mil vezes.

Construímos essa pérgola próxima à casa familiar, e partir de então nos transformamos em uma obra sem fim, algo como uma Sagrada Família de Cuyo. Depois da pérgola, veio o Salão Pedra, que era uma réplica da sala de estar da casa de Clelia, a avó paterna de Alejandro. "Era uma casa que me abraçava, uma casa luminosa, com vidros coloridos, muitas varandas e um jardinzinho onde tínhamos uma horta."

Boa parte da construção buscou resgatar esse pedacinho de sua infância. Em seguida, construímos a cozinha e, mais tarde, começamos a construir o primeiro salão de vendas, que rapidamente ficou muito pequeno e teve de ser ampliado. À medida que as obras avançavam, as modificações eram feitas praticamente em uníssono.

Não havia uma planta inicial na qual se baseassem todas as edificações, o projeto completo não foi colocado no papel, e até hoje não existe esse registro. Constanza Hartung, depois de mais de dez anos trabalhando com Alejandro, sabe que ele tem o projeto na cabeça para daqui a cem anos e que as coisas vão acontecendo: "Ele vai soltando aos poucos e nós executamos à medida que obtemos os recursos para isso".

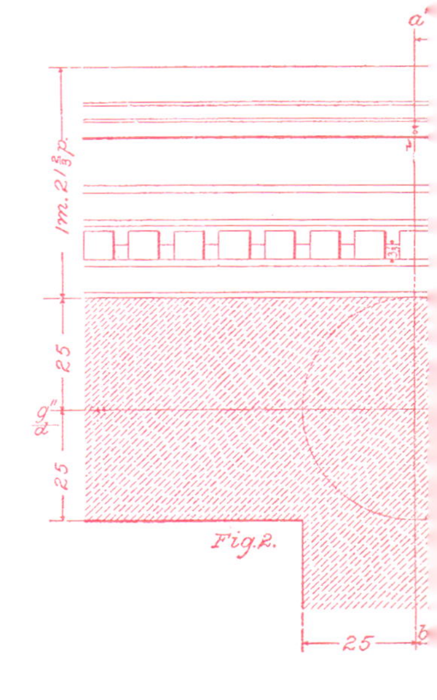

9mod.

Por isso, ninguém se surpreendeu com o dia que Alejandro se aproximou do operário que dirigia a retroescavadeira e disse: "Quero que façamos uns túneis nesse lugar". Nacho se deparou com a perfuração iniciada e assim nasceu a adega subterrânea e, com ela, veio a Divina Comédia e a incorporação do Inferno, do Purgatório e do Paraíso.

Nacho sabe que parte de sua função como arquiteto do projeto é lidar com uma dinâmica efervescente em que tudo muda e evolui constantemente. O volume de trabalho gerado é enorme, pois há projetos novos o tempo todo, muitos veem a luz do dia e outros permanecem na etapa de avaliação e não saem do papel.

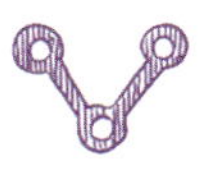

Nacho relembra esses momentos e resgata algumas conversas que teve com o irmão: "Ele me pediu que iniciássemos o projeto a partir da pérgola. Havia retornado de uma viagem com a María pela Toscana e voltou com a ideia de construir umas torres que lembrassem algo que eles haviam visto durante a viagem. Somado a isso, havia o projeto de um restaurante e uma pequena adega. A pérgola deveria ser circular, pois ele tinha interesse em refletir algo da arte mudéjar. Mas quando finalmente fomos ao terreno, tivemos que redesenhar tudo, primeiro a pérgola e, nesse processo, surgiu o Salão Pedra, um espaço constituído de muros entrelaçados com uma tectônica muito relacionada ao cenário de Mendoza, feito com pedra de Villavicencio, localizada ao norte da província".

A cada viagem surgiam novas propostas para o desenvolvimento do projeto. Assim nasceu a adega e também a ideia de instalar uma sala para comer nesse espaço. Na busca por incorporar parte de sua história familiar inicial, surgiu a ideia de recuperar os textos de Dante Alighieri tantas vezes ouvidos da boca de seu avô Tristán, que não era de origem italiana, mas havia sido seduzido pelos versos do autor florentino de *A Divina Comédia*. Era seu oráculo, sua Bíblia, seu I Ching, um modelo moral que o acompanhava pela vida. A interpretação que Tristán dava a esses versos era a de que cada decisão diária exigia plena consciência, pois, por menor que ela fosse, tinha o poder de modificar a vida para sempre.

Para Alejandro, o poema que aprendeu de seu avô e reviu anos depois é claríssimo: "Fala sobre o lugar em que você escolhe ficar na vida. E, para mim, o pior lugar é o purgatório, porque é a total indecisão, a falta de conteúdo, o limbo. As únicas opções são o paraíso e o inferno".

Esse avô robusto, sério e de poucas palavras, que deixou uma marca em seu neto, é a quem anos mais tarde procurou homenagear recriando na Casa Vigil o relato que fez parte de sua infância. Assim foi como se materializaram no solo de Mendoza um inferno, um purgatório e um paraíso, três estâncias pelas quais transitar, interpretadas de maneira bem particular e regadas pelos melhores vinhos.

Inferno

Deixai, ó vós que entrais, toda a esperança!

Purgatório

Ressurja ora a poesia amortecida,
Ô Santas Musas, a quem sou votado;
Unir ao canto meu seja servida
Caliope o som alto e sublimado,
Que às Pegas esperar não permitira
Lhes fosse o atrevimento perdoado.

Paraiso

Se, divinal virtude, eu for entrado
Tanto de ti, que a sombra represente
Do reino que em minha alma está gravado,
Ao teu querido lenho eu, diligente,
Irei, por ter a c'roa merecida
De ti e deste assunto preminente.

No percurso que propomos na Casa Vigil, o Inferno é onde estão os vinhos, o prazer de tomá-los é o Paraíso, e o Purgatório é a transição, muito sedutora, onde está a arte, onde se ouve música, à qual juntamos nossa gastronomia que fornece todo o contexto para continuar tomando vinho.

Dessa forma, o projeto foi ganhando contorno e identidade. A esses espaços foram acrescentados caminhos estreitos (sendas) para conectar os distintos universos e os diferentes salões. Uma história em que a arquitetura acompanha o imaginário.

"Quero que em nossa adega as pessoas se sintam provocadas pelo vinho", enfatiza Alejandro. Não somente as estâncias de nossa própria versão de *A Divina Comédia* provocam o visitante, mas também os cântaros nos jardins e os ovos de concreto na pérgola do Salão Pedra. De forma disruptiva e bastante anárquica, propomos uma imersão no nosso universo e um passeio pelos recursos de vinificação que Alejandro incorpora em seu trabalho como enólogo.

Para Nacho, a maior conquista do ponto de vista da arquitetura foi conseguir que, por meio do design, as pessoas se sentissem em casa, mesmo fora de casa; que os visitantes se sentissem abraçados pelo ambiente: pelas cores, pela comida, pelo atendimento, pela iluminação, pela arquitetura e, claro, pelo vinho. Do ponto de vista do arquiteto, a Casa Vigil é definitivamente um organismo vivo projetado a partir de um protorracionalismo orientado para o uso da tectônica de Mendoza. Os salões são como cubos de planta aberta, apresentando uma arquitetura racionalista, revestidos com materiais locais, que imitam as varandas dos lares mendocinos, com vitrais coloridos que visam capturar toda a luminosidade do ambiente externo.

SALIDA

GOR MONTON

Gradualmente foram nascendo mais e mais projetos para o universo Vigil: surgiram as lojas de vinho, as hamburguerias e as cervejarias, que se transformaram em uma das marcas de destaque dos desenvolvimentos propostos por Alejandro. A elaboração de cerveja entrou em seu radar após uma viagem a Oregon, estado dos Estados Unidos perto de Washington. Ali descobriu o chope artesanal, uma moda que ainda não havia pegado na Argentina.

"O vinho e a cerveja requerem duas preparações muito diferentes. Para o vinho é preciso paciência, tempo, plantar uma vinha e esperar; para a cerveja, você compra a matéria-prima e o processo é quase instantâneo. Em um se destaca o prazer do imediatismo, você alimenta a ansiedade e, em outro, você acompanha o tempo, deixa fluir. Acho que a vida é um pouco assim, há situações instantâneas que você precisa responder rápido, e depois há outras que acontecem a longo prazo; o importante é a consistência entre o instantâneo e o longo prazo."

A essa explosão de expressões e projetos, se somou a arte pelas mãos de Fernando *el Flaco* Gabrielli, curador da proposta. Eles se conheciam há muitos anos, quando Alejandro lhe contou a ideia do restaurante em Chachingo. "Você não está batendo

bem da cabeça", disse a Alejandro, mas não duvidou nem um segundo em participar. "Cara, temos que fazer algo artístico", disse logo após a inauguração da Casa Vigil. Durante dez anos, Fernando esteve à frente de um espaço de arte em uma vinícola e havia gerenciado uma galeria de arte alternativa que criou com amigos na cidade de Mendoza.

Um dos motivos apresentados por Alejandro foi "proporcionar um espaço para os artistas mendocinos", nascidos ou residentes. Mas como o espaço oferecido não se parecia com nenhuma galeria de arte conhecida, precisava convencer os artistas de que o lugar seria bom para a obra deles. Em junho de 2015 realizamos a primeira mostra com uma exposição da obra de Rodrigo Scalzi e, a partir daí, a cada três meses, com a troca de estação, renovamos a proposta com novos artistas.

Hoje ninguém duvida em participar dos editais que lançamos, as mostras acontecem e as obras são vendidas aos visitantes da Casa Vigil. Já enviamos obras a diversos países, como Alemanha, Estados Unidos, Peru e muitos outros lugares. Com a casa cultural iniciou-se também um caminho de aquisição de obras, que foi inaugurado com a escultura *El Ángel*, do artista Guillermo Regattieri, que abre a passagem para o Inferno.

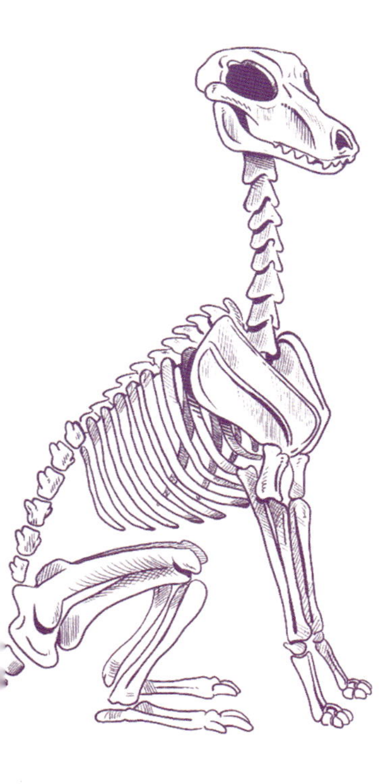

A engenharia de Pablo Sance é incorporada à arquitetura e à arte, todas construções que evoluíram paralelamente dentro do mundo Casa Vigil. Embora o processo de crescimento tenha sido paulatino, o desafio de Pablo era desenvolver uma empresa gastronômica. Ele lembra que uma das primeiras contribuições que consideraram foi a opinião dos clientes: "Pedíamos que respondessem a um questionário, e todos os sábados nos reuníamos para analisar as opiniões e pensar como resolver nossos pontos fracos. Isso, em parte, foi um aprendizado de como ser gastronômicos".

No início, naquela dinâmica multifuncional que todos cumpriam, Pablo atuava como responsável de recursos humanos, contador, administrador, gerente de compras, entre outras funções. Mas a empresa estava começando a tomar forma e a ter uma identidade, então devíamos tomar decisões de acordo com isso. Quando chegamos a sessenta empregados, contratamos um gerente de recursos humanos e um contador mensal, que em pouco tempo passou a nos prestar serviço de meio período para consultas frequentes e, logo depois, foi contratado de forma permanente.

Pablo lembra que quando trabalhava na indústria metalúrgica ele sabia que estava em uma grande empresa com cerca de setecentos empregados. "Recentemente pagamos quase quinhentos salários e, com os projetos que estão chegando, em breve vamos nos aproximar de setecentos, e não sei dizer quando foi que tudo isso aconteceu."

"O bom de trabalhar com o Ale é que ele dá segurança para que você não sinta medo dos desafios", continua Pablo, que sabe a grande responsabilidade que tem. Todas as unidades de negócios juntas (restaurantes, vinhos, azeite de oliva, cerveja) somam quatorze sociedades e em todas está a cara e o cérebro de Alejandro. "A marca é o nome dele, seu sobrenome, sua cara, seu prestígio, isso faz com que a responsabilidade seja ainda maior", constata Pablo.

Um passeio pelo universo Vigil

A Casa Vigil, em Chachingo, abre as portas para muitos outros projetos. De forma rápida e sistemática foram aparecendo os satélites que hoje compõem esse universo Vigil.

Casa Vigil Palmares

Para nós, é a grande embaixadora, a portadora do espírito de nossa vinícola. Transmite nossa essência, o modo de ver a gastronomia e o deleite.

Casa Vigil Aeroporto

É um empreendimento em torno do vinho, com comida no meio do caminho. O vinho, definitivamente, é o carro-chefe.

Chachingo Craft Beer

Aqui entram os empreendimentos de Arístides, Dalvian, Palmares, Luján de Cuyo e Ezeiza. Amigos, cervejas artesanais, coquetéis e comida simples e saborosa para passar bons momentos.

República

Temos um em Arístides e outro em Palmares. Essa proposta se constrói com base em um cardápio que inclui massas, arroz, peixes e pâtisserie de qualidade. À noite, a proposta inclui um menu com prato do dia e harmonização.

Bur 22

Hambúrgueres de qualidade e cerca de trezentos rótulos de cervejas nacionais e importadas. Comida rápida de excelência.

O TER ROIR

O *TERROIR* COMO CARRO-CHEFE

(PARA ONDE ESTAMOS INDO)

A ideia do *terroir* percorre cada espaço, cada canto, cada movimento e cada estrutura e senda da Casa Vigil. O significado mais sintético de *terroir* refere-se à combinação de quatro fatores que, no caso dos vinhos, são: o solo, o clima, a variedade da uva e as pessoas. O fato de hoje pensarmos que o futuro está nos vinhos e na gastronomia de *terroir* não é fruto do acaso, mas da busca constante de estar em harmonia com o ambiente.

A origem dessa busca possivelmente remonta a 1996, quando Alejandro ingressou no Instituto Nacional de Tecnologia Agropecuária (INTA) como aluno bolsista. Começou a trabalhar no laboratório de solos com o engenheiro Milton González e em fisiologia da videira com o engenheiro Pérez Peña, que eram responsáveis por essas respectivas unidades de pesquisa.

"Fui buscar trabalho no INTA, bati na porta, me atendeu Milton González e me disse: 'Estou precisando mesmo de uma pessoa'. Foi uma espécie de encontro mágico entre a necessidade de um e a busca de outro. Queria entender a metodologia do trabalho científico e esse era o lugar certo".

"Milton González tinha uma visão global do solo – descreve Alejandro –, então nosso trabalho não tinha a ver exclusivamente com o solo, mas com a reação das plantas nesse solo". E embora o objeto de interesse não fosse apenas

a videira, em Mendoza o estudo da videira ocupava um lugar predominante. Com o passar do tempo, a especialização em solos tornou-se inevitável. "Comecei a trabalhar como colaborador em várias teses de doutorado e mestrados, para os quais fazia o trabalho de campo: medições do teor de água da planta, do estado hídrico do solo, amostragem de todos os tipos, análise dos solos, correlações entre crescimento e fertilidade, e muitas outras tarefas.".

No ano de 1999, Alejandro Vigil assume a chefia do Departamento de Solos e, como responsável, propõe realizar um zoneamento do malbec em diferentes áreas agroecológicas. Naquela época, ele já havia viajado por grande parte de Mendoza realizando escavações do solo para estudar ou coletar amostras de sua composição e estrutura. "Desde as primeiras épocas do vinho Clos de los Siete, quando ainda não havia nada plantado, fiz escavações e estudos do solo, dali até Chañarmuyo. Havia percorrido o Vale do Uco e grande parte da Argentina fazendo estudos de zoneamento."

Embora não tenha sido aprovado como projeto nacional, ele seguiu de modo local em colaboração com muitos viticultores e adegas que lhe cediam uvas para vinificar e assim caracterizar os solos, o clima e as diferentes nuances do ambiente. A hipótese inicial desse trabalho foi a de que diante de uma mesma genética e temperatura igual o solo varia os sabores do vinho.

Naquela época, o malbec ainda não era tão estudado como agora e havia apenas dezesseis mil hectares dessa uva plantados. Atualmente, a quantidade de hectares cultivados praticamente triplicou nas províncias de Mendoza e San Juan, as principais desenvolvedoras dessa cepa.

"Eu era um apreciador de vinhos que buscava vinhos pelo mundo e sabia que em determinados lugares tinha que provar esta e aquela varietal: de Napa Valley, buscava o cabernet sauvignon; de Bordeaux, os blends; e da Borgonha, o pinot noir. E a essa altura eu já tinha a ideia de que nós, na Argentina, tínhamos algo que os outros não tinham e que o malbec poderia oferecer algo diferente."

Nessa época se dizia que deveríamos pensar na bonarda, já que havia mais superfície plantada. Mas, ao mesmo tempo, a bonarda não parecia ser algo que pudesse despertar um interesse diferencial.

O malbec, no entanto, podia. Em Médoc, região produtora de vinhos na França, era uma das variedades mais plantadas em Bordeaux até a chegada da filoxera, a praga que em meados do século XIX arrasou a viticultura europeia e fez com que a uva malbec praticamente desaparecesse na região. O malbec de Mendoza pertencia a uma genética pré-filoxera que não havia sido afetada pela praga, era um sobrevivente quando a variedade já havia desaparecido na Europa.

"No entanto, havia uma série de condimentos que particularmente me agradavam no malbec. Eu comprava vi-

nho e sentia que um vinho de La Consulta era muito diferente de um vinho de Luján de Cuyo. E isso eu percebia com os malbec, porque os cabernet tinham um traço comum que fazia com que se parecessem muito entre si e que não houvesse diferenças. Isso despertou minha curiosidade. Claro que podia ser por mil motivos, mas eu estudava os solos, o clima e a fisiologia da videira e isso me fez concentrar ainda mais no local", reconstrói Alejandro.

Ele estava nesse caminho quando as coisas se complicaram no INTA. Surgiram algumas limitações, principalmente de natureza orçamentária, que colocaram fim a uma fase puramente acadêmica. Então chegou o momento de mergulhar nas profundezas dos vinhedos e elaborar vinhos, um caminho que ele nunca mais abandonou. Assim foi como começou a trabalhar na vinícola Catena Zapata, com a garantia de que poderia continuar com essa linha de pesquisa que havia iniciado no INTA. Era o cenário ideal, já que na Catena usavam a mesma genética. As mesmas plantas-mãe estavam presentes em todos os vinhedos da vinícola.

Foi a época das descobertas. Coisas que hoje são claríssimas, mas que naquele momento não eram. "O primeiro que descobri foi que estávamos vinificando o malbec igual ao cabernet sauvignon, e o malbec exigia algo completamente diferente.

Então entendi que um malbec de altitude tem que ser cultivado e cuidado de uma forma totalmente diferente de um malbec de área baixa ou média. E que a depender da insolação e da exposição sul ou norte também havia resultados diferentes e isso exigia um procedimento diferente. Essa compreensão nos levou a vinificar pequenas parcelas separadamente. Em 2003, começamos a fazer fotografias aéreas para calcular o NDVI, um índice que nos permite estimar a quantidade, a qualidade e o desenvolvimento da vegetação. Registrávamos os diferentes níveis de vigor das plantas e de acordo com isso fazíamos o estudo do solo para saber se o maior ou menor vigor estava associado ao solo ou se havia outros motivos. Começamos com a montagem das parcelas definidas de acordo com a homogeneização do tipo de solo, a exposição solar, a irrigação; nessas parcelas tudo funcionava naturalmente da mesma maneira. Com essa técnica, buscamos ressaltar as diferenças, e quando uníamos os lotes com as mesmas características, isso nos dava um tipo de vinho totalmente diferente de outros. Antes disso, dizíamos 'o Vale do Uco produz vinhos diferentes dos de Luján de Cuyo', mas era muito mais específico ainda".

Compreender um *terroir* é fundamental para o agricultor e para a videira. É saber que se trata da experiência centenária de cultivar e produzir o vinho desse determinado lugar.

Isso torna essencial a presença das pessoas, e não "da" pessoa. Porque o que gera essa experiência centenária é a construção de uma cultura que transcende um indivíduo, um saber fazer, a cultura de fazer vinho geração após geração.

No caso de Chachingo, o *terroir* tem uma identidade profundamente definida. Trata-se de um lugar cujo solo apresenta muita drenagem, estamos colados no rio Mendoza que há mais de quinhentos anos dá vida a esta província, quando os incas e os huarpes desenvolveram a canalização do rio para garantir a sobrevivência neste deserto.

O *terroir* de Chachingo fala disso, da sobrevivência da cultura do esforço físico e intelectual. Essas culturas antigas construíram uma rede de canais digna dos mais brilhantes engenheiros e essas construções são anteriores à nossa cultura vitivinícola. Mais *terroir* que isso não existe. Chachingo tem muito dessa marca, o desenvolvimento dessa rede de água define boa parte de nossa identidade.

Não podemos ignorar o que somos, porque estaríamos perdendo uma parte da história. Continuamos sendo e os vinhos provêm daí e têm a ver com as formas, o envelhecimento e a história que vem de antes e de antes de antes.

"Quando você prova vinhos de cem, duzentos anos, você está degustando a história. Então você não está mais falando de quem produz, e sim do lugar que representa a cultura contida na garrafa que você bebe. E isso é excelente. Daqui a cem anos dirão: 'Quem era esse tal de Vigil?', mas haverá um vinhedo, haverá uvas, haverá um conceito presente que é o que vai prevalecer. Isso é incrível. Isso te supera e ao mesmo tempo te tranquiliza. Acalma o medo do existencialismo. É mais filosófico e tem a ver com o modo de vida que a gente escolhe."

CABERNET
FRANC

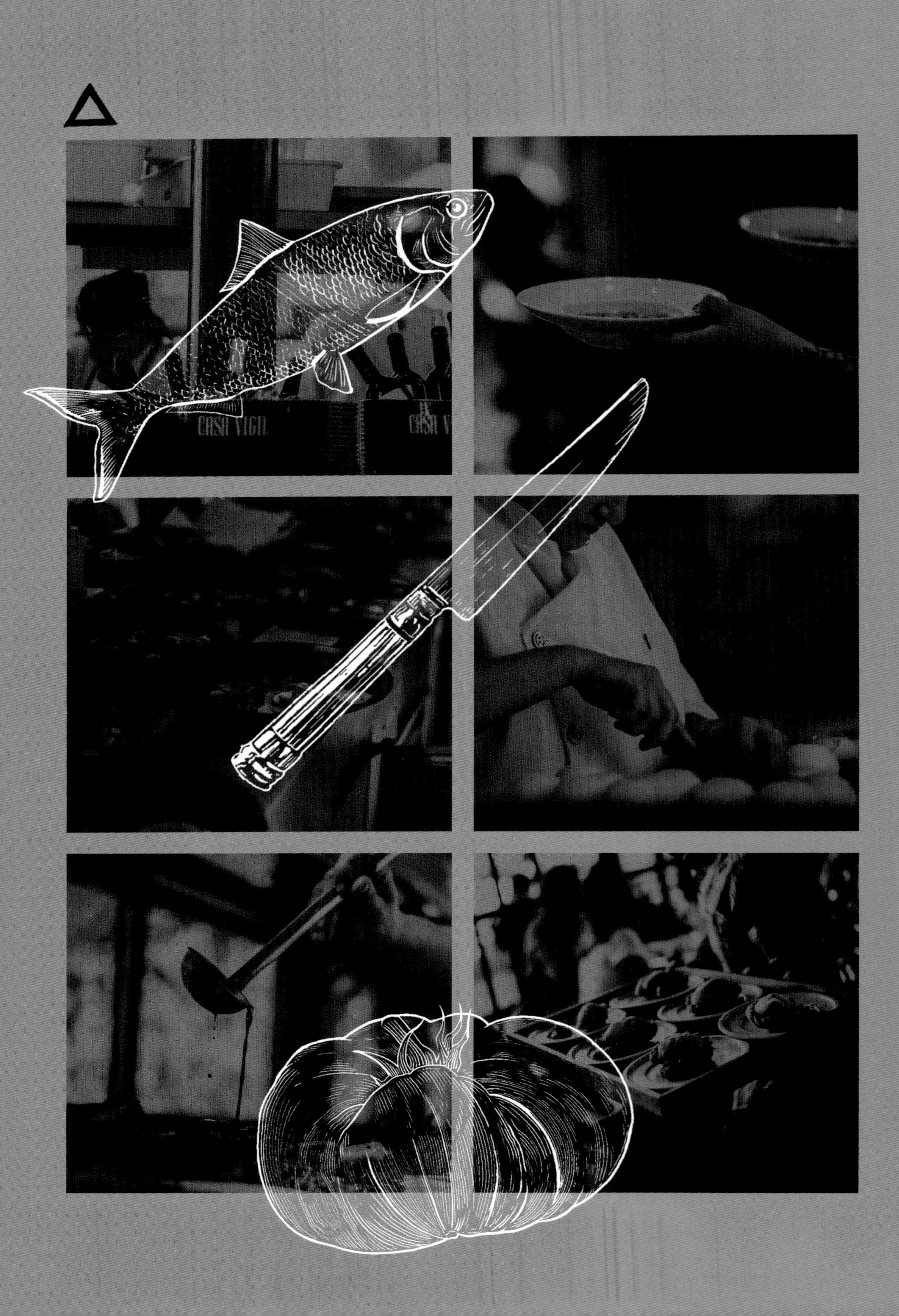
CASA VIGIL

A
COZI
NHA

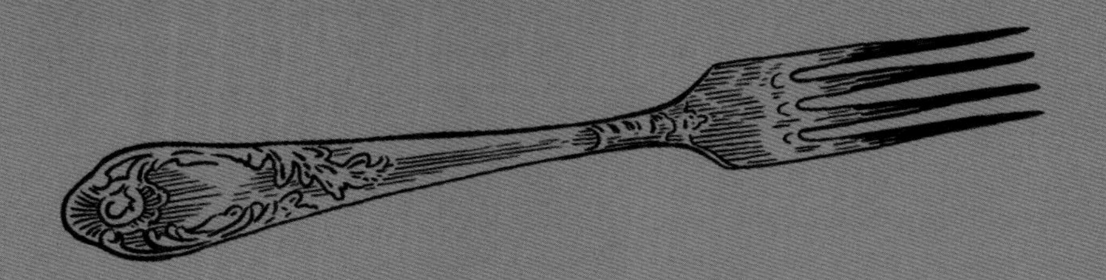

VIGIL
MERTA
VIRGEN EXTRA
PREMIUM

RENDE 40 UNIDADES

CRIOLLITOS

150 G DE MARGARINA PARA MASSA FOLHADA
100 G DE GORDURA DE COSTELA DERRETIDA
100 G DE FARINHA DE TRIGO

MASSA UNTUOSA

Misture todos os ingredientes para formar uma massa untuosa uniforme.
Cubra com filme plástico e guarde na geladeira.

1 KG DE FARINHA DE TRIGO
20 G DE AÇÚCAR
10 G DE FERMENTO BIOLÓGICO SECO
25 G DE SAL
500 ML DE ÁGUA

MASSA

Misture em uma tigela a farinha, o açúcar, o fermento, o sal e, por fim, a água até formar uma massa, não muito mole. Cubra com filme plástico e deixe descansar por 15 minutos.

MASSA FOLHADA

Depois que a massa descansar, abra-a com um rolo, dando-lhe um formato retangular. Coloque a massa untuosa no centro da massa, dobre um lado sobre ela e depois o outro, sem deixar escapar para os lados. Abra com o rolo até ficar com 0,5 cm de espessura. Divida visualmente a massa em quatro partes iguais. Dobre as pontas para o centro e feche como se fosse um livro. Cubra com filme plástico, deixe descansar por 30 minutos na geladeira e repita esse processo chamado "dupla volta".

MONTAGEM

Abra a massa até ficar com 1 cm de espessura, modele e faça furinhos com um garfo. Retire as bordas com uma faca para abrir a massa folhada (deixá-la à vista) e corte em retângulos de 2,3 x 6 cm.

COZIMENTO

Disponha os retângulos em uma assadeira e leve ao forno preaquecido a 180 °C por 15 a 20 minutos.

Rende 1 porção

Salada de tomates

200 ML DE ÁGUA
3 G DE PIMENTA-DO-REINO EM GRÃOS
250 G DE QUEIJO PARMESÃO
1,5 G DE GOMA XANTANA PARA CADA 300 G DE SORO

Soro de parmesão

Ferva a água em uma panela junto com a pimenta. Quando ferver, acrescente o parmesão ralado, retire do fogo, tampe com filme plástico e deixe em infusão por 15 minutos. Passado esse tempo, filtre em uma peneira fina e reserve o líquido. Guarde na geladeira por uma hora. Retire a gordura e reserve para outro preparo. Misture o soro com a xantana necessária. Reserve em um frasco.

TOMATES SORTIDOS
SORO DE PARMESÃO
MANJERICÃO FRESCO
FLORES
CEBOLA-ROXA
AZEITE DE MANJERICÃO
AZEITE DE OLIVA OMERTA
PIMENTA-DO-REINO EM GRÃO MOÍDA
SAL MALDON

Montagem

Corte os tomates como preferir e arrume-os na saladeira junto com os ingredientes selecionados e o soro em cubos ou espedaçados com as mãos. Tempere com sal, pimenta-do-reino e azeite de oliva ou de manjericão.

Rende 10 porções

Croquetes de peixe-rei

80 G DE MANTEIGA
15 ML DE AZEITE DE OLIVA
4 DENTES DE ALHO
65 G DE CEBOLINHA (PARTE BRANCA)
65 G DE CEBOLA
550 G DE PEIXE-REI LIMPO
200 G DE FARINHA DE TRIGO
650 ML DE CALDO DE PEIXE
650 ML DE LEITE INTEGRAL
RASPAS DE 1 LIMÃO
18 G DE GELATINA
65 ML DE ÁGUA GELADA
SAL E PIMENTA (A GOSTO)

Recheio de peixe-rei

Derreta a manteiga com o azeite em uma panela grande. Refogue o alho picado bem fino, a cebolinha e a cebola em brunoise (cubos pequenos) com um pouco de sal. Adicione o peixe-rei limpo e cortado e esmigalhe com a ajuda de uma colher. Adicione a farinha de trigo e cozinhe por 5 minutos, para gerar um roux médio (dourado). Após esse tempo, acrescente o caldo de peixe e o leite quente. Mexa com a ajuda de um batedor para evitar grumos. Cozinhe até engrossar. Tempere com raspas de limão, sal e pimenta-do-reino moída. Retire do fogo e integre a gelatina previamente ativada na água fria. Mexa bem. Espalhe em uma assadeira, cubra com filme plástico em contato com a superfície e reserve na geladeira.

1,5 KG DE RECHEIO DE PEIXE-REI
10 OVOS
500 G DE FARINHA DE TRIGO
1 KG DE PÃO RALADO
ÓLEO (QUANTO BASTAR)

Croquetes de peixe-rei

Modele 10 cilindros de 150 gramas cada um com o recheio de peixe-rei. Tente manipulá-los o mínimo possível. Passe-os na farinha de trigo, no ovo e, por fim, no pão ralado. Volte a passar no ovo e no pão ralado. Finalize dando um formato cilíndrico, formando os croquetes. Frite em uma panela com bastante óleo a 170 °C.

3 TOMATES
3 DENTES DE ALHO
3 PIMENTÕES VERMELHOS
115 G DE MIOLO DE PÃO
2 JALAPENHOS
65 G DE AVELÃS
100 G DE AMÊNDOAS
45 ML DE VINAGRE DE ÁLCOOL
10 ML DE VINHO DO PORTO
35 ML DE AZEITE DE OLIVA
AZEITE DE OLIVA (QUANTO BASTAR)
SAL E PIMENTA (A GOSTO)

Molho romesco

Corte os tomates ao meio, disponha-os numa assadeira com a pele voltada para baixo e tempere com sal e pimenta. Junte o alho picado e leve ao forno preaquecido a 180 °C até ficarem macios e corados.
Lave e seque os pimentões. Queime-os diretamente sobre o fogo do fogão ou sobre brasas, até ficarem com a pele bem tostada. Depois, deixe-os esfriar em uma sacola fechada. Descasque-os, sem usar água, e retire todas as sementes. Reserve.
Regue o pão com azeite de oliva e leve ao forno para torrar.
Cozinhe os jalapenhos em água fervente até ficarem macios. Escorra-os, corte-os ao meio e retire as sementes. Reserve a polpa.
Torre as avelãs e as amêndoas no forno a 170 °C.
Quando todos os ingredientes estiverem frios, processe-os junto com o vinagre e o vinho do Porto. Emulsione com os 35 ml de azeite de oliva e peneire. Reserve.

CASA VIGIL

Óleo de salsinha

Processe todos os ingredientes. Transfira toda a mistura para um saco de confeitar e pendure-a. Dessa forma, os resíduos decantam e o óleo fica na parte de cima, limpo e verde.

125 G DE SALSINHA
225 ML DE ÓLEO DE GIRASSOL

Emulsão de azeitona

Descasque o limão, corte em rodelas e reserve. Lave bem as azeitonas, seque-as e processe-as.
Adicione as rodelas de limão. Quando formar uma pasta lisa, adicione a batata e tempere com sal, pimenta e azeite de oliva. Peneire se necessário e reserve.

1 LIMÃO
165 G DE AZEITONAS VERDES SEM CAROÇO
80 G DE BATATA PRÉ-COZIDA
35 ML DE AZEITE DE OLIVA
SAL E PIMENTA-DO-REINO MOÍDA (A GOSTO)

Apresentação do prato

Na louça de sua preferência, sirva os croquetes com o molho romesco, regados com o azeite e a emulsão.

Rende 2 dúzias

Empanadas de ossobuco

100 g de gordura de costela derretida
360 ml de água
400 ml de óleo
25 ml de vinagre de álcool
1 kg de farinha de trigo
35 g de sal
30 g de azeitonas verdes picadas

Cortadores de 14 cm de diâmetro

Massa para as empanadas

Derreta em fogo bem baixo a gordura da costela (aproveite aquela gordura em excesso que retiramos). Quando adquirir a cor marrom-claro, filtre por um coador bem fino. Reserve o líquido na geladeira.
O processo seguinte pode ser realizado com uma amassadeira ou sobre a bancada, com as mãos. Misture os elementos líquidos e então acrescente os secos. Amasse até incorporar todos os ingredientes de maneira homogênea. Integre as azeitonas picadas. Cubra a massa com plástico filme e deixe descansar na geladeira por 30 minutos. Abra a massa com um cilindro ou com o rolo até obter uma espessura de 1,5 mm. Corte círculos de 14 cm de diâmetro.

1 ossobuco inteiro (não fatiado)
2 cenouras médias
2 cebolas médias
1 alho-poró
2 ramos de salsão
3 dentes de alho
1 folha de louro
Água (quanto bastar)
Sal e pimenta-do-reino (a gosto)

Cozimento do ossobuco

Limpe o ossobuco sob o jato de água fria. Seque e tempere com sal e pimenta-do-reino. Doure no forno preaquecido a 220 °C durante 20 minutos. Coloque o ossobuco em uma panela, acrescente os vegetais cortados em mirepoix (cubos pequenos) e o louro. Cubra com água e cozinhe em fogo alto. Quando começar a ferver, diminua o fogo a mínimo e mantenha o cozimento até que o ossobuco se desprenda do osso. É muito importante ir retirando todas as impurezas que sobem à superfície do caldo com a ajuda de uma concha. Retire o ossobuco, coe o caldo e reduza-o à metade. Então, guarde-o na geladeira.
Desfie o ossobuco ainda morno, enquanto o colágeno está amolecido. Neste processo, é preciso retirar todo o excesso de gordura e, principalmente, os tendões que encontrar; caso contrário, acabarão dentro da empanada, arruinando a experiência.

1,1 kg de cebola
300 g de gordura de costela
1,5 kg de ossobuco cozido e desfiado
220 ml de caldo do cozimento
6 g de orégano
10 g de pimenta-calabresa (a gosto; isto é ardência média)
20 g de páprica doce
5 g de cominho
Sal (a gosto)

Recheio de ossobuco

Refogue em uma panela grande, sem óleo, a cebola cortada em pétalas com sal suficiente para que desidrate. Uma vez que a cebola estiver macia, acrescente a gordura. Quando a gordura estiver derretida, acrescente a carne e o caldo do cozimento. Cozinhe por alguns minutos. Retire do fogo e, enquanto ainda está quente, tempere com o orégano, a pimenta-calabresa, a páprica doce e o cominho. Ajuste o tempero. Deixe o recheio esfriar antes de montar as empanadas. Nossas empanadas se caracterizam por ser muito suculentas, leves, macias e ter grande quantidade de recheio.

Cozimento

Pode-se fritar em banha bovina ou óleo, ou assar no forno convencional ou de barro.

Rende 1 porção

AGNOLOTTI
COM CORAÇÕES DE ALCACHOFRA

80 G DE FARINHA DE TRIGO
20 G DE SÊMOLA
1 OVO

Massa de macarrão

Na bancada limpa, forme uma coroa com a farinha e a sêmola. No centro, acrescente o ovo a temperatura ambiente e comece a integrar os ingredientes aos poucos, com a ajuda de um garfo, até formar uma massa. Amasse por 10 minutos até obter uma bola homogênea. Cubra com plástico filme e reserve na geladeira por 30 minutos.
Polvilhe sêmola na bancada e abra a massa até alcançar 1 mm de espessura. Este passo pode ser realizado com um rolo ou com um cilindro. Corte lâminas com aproximadamente 10 cm de largura. Reserve.

70 G DE TUPINAMBO
1 DENTE DE ALHO ASSADO
50 G DE BATATA
10 G DE CEBOLA
40 G DE PASTA DE TUPINAMBO
30 G DE PURÊ DE BATATA
1 FOLHA DE HORTELÃ PICADA
RASPAS DA CASCA DE ¼ DE 1 LIMÃO
1 G DE NOZ-MOSCADA
SAL E PIMENTA-DO-REINO MOÍDA (A GOSTO)

Recheio

Coloque o tupinambo em uma panela com água fria e sal e cozinhe até que fique macio. Retire da panela e descasque-o ainda quente, com a ajuda de um pano de prato. Processe junto com o alho assado até obter uma pasta lisa. Reserve.
Cozinhe a batata, também colocando em uma panela com água fria e sal, até conseguir atravessá-la com um palito sem que ofereça resistência. Descasque-a ainda quente e amasse até obter um purê sem grumos. Reserve.
Refogue em uma frigideira quente regada com azeite a cebola cortada em brunoise (cubos pequenos). Salgue. Retire do fogo quando estiver transparente.
Misture os 40 gramas de pasta de tupinambo com o purê de batata e a cebola refogada, se possível, enquanto tudo ainda estiver quente. Tempere com a hortelã, as raspas de limão, a noz-moscada, sal e pimenta-do-reino. Deixe esfriar e coloque o recheio em um saco de confeitar.

8 G DE HORTELÃ
20 ML DE ÓLEO DE GIRASSOL

Óleo de hortelã

Processe o óleo com as folhas de hortelã limpas e secas. Transfira a mistura para um saco de confeitar e pendure-o. Dessa maneira, os resíduos decantam e o óleo fica por cima, limpo e verde. Reserve o óleo limpo em uma bisnaga.

Alcachofras na chapa

2 limões
2 g de ácido ascórbico
2 alcachofras
½ dente de alho
15 ml de azeite
Sal e pimenta-do-reino moída (a gosto)

Em uma tigela com água, acrescente o suco de um limão, o limão restante cortado pela metade e o ácido ascórbico.
Descasque as alcachofras e reserve as folhas para outro preparo. Chegue ao coração da alcachofra e retire todo seu interior com a ajuda de uma colher. Corte o talo em 5 cm e retire a primeira camada fibrosa. Uma vez torneada a alcachofra, corte-a pela metade. À medida que for manipulando as alcachofras, mergulhe-as em água com limão para evitar que se oxidem, ficando marrom. Escalde os corações de alcachofra em abundante água fervendo, com 15 gramas de sal por litro e um limão cortado pela metade, durante 4 minutos. Retire da água e interrompa o cozimento em um banho-maria inverso (tigela com água e gelo).
Doure os corações de alcachofra branqueados em uma chapa bem quente com o alho e o azeite. Tempere com sal e pimenta-do-reino e reserve.

Molho de queijo de cabra

80 ml de leite integral
35 ml de creme de leite
25 g de queijo de cabra fresco
20 g de queijo de cabra curado
2 g de amido de milho

Disponha em uma frigideira ampla 70 ml do leite, o creme de leite e os dois queijos ralados. Cozinhe em fogo baixo, mexendo e evitando que o queijo grude no fundo da panela. A preparação não deve ferver; uma vez que o queijo derreta, processe a coe. Volte a mistura ao fogo. Quando começar a ferver, acrescente o amido de milho já hidratado com os 10 ml de leite restantes. Cozinhe por mais 2 minutos e retire do fogo. Tenha em conta que os agnolotti terminarão de cozinhar neste molho.

Montagem

Disponha ao longo do centro das lâminas de massa porções de recheio separadas entre si. Dobre a massa para envolver o recheio e pressione ao redor para selar as peças. Corte os agnolotti com uma carretilha e volte a pressionar as bordas. Reserve a massa na bancada polvilhada com farinha.

Cozimento

Cozinhe a massa em abundante água fervendo com 15 gramas de sal por litro de água durante 5 minutos. Escorra a massa e termine a cocção no molho de queijo de cabra.
Sirva a massa com o molho e as alcachofras, regada com o óleo de hortelã.

RENDE 6 PORÇÕES

GASPACHO
DE TOMATES DA HORTA

Para o nosso gaspacho, utilizamos três variedades de tomates da horta, com os quais obtemos distintas texturas e sabores. Claro que vocês podem usar apenas uma variedade, ou as que conseguirem.

500 G DE TOMATE-CAQUI
500 G DE TOMATE-KUMATO
500 G DE TOMATE-BELGA-ROSA GIGANTE
½ CEBOLA-BRANCA GRANDE
½ CEBOLA-ROXA GRANDE
1 PIMENTA-MALAGUETA SEM SEMENTES
1 RAMO PEQUENO DE SALSÃO
175 G DE MIOLO DE PÃO (SEM LEITE)
325 G DE PIMENTÃO VERMELHO QUEIMADO (SEM PELE NEM SEMENTES)
1 DENTE DE ALHO
150 G DE VINAGRE BALSÂMICO (DE BOA QUALIDADE)
100 ML DE VINAGRE DE MAÇÃ (DE BOA QUALIDADE)
20 G DE SAL
2 G DE PIMENTA-DO-REINO MOÍDA
100 ML DE AZEITE DE OLIVA LUSSURIA SUAVE

Corte os tomates de maneira irregular e misture-os em uma tigela de inox ou vidro com a cebolas em pedaços, a pimenta-malagueta e o salsão em rodelas. Acrescente, também em pedaços irregulares, o pimentão, o pão e o alho. Tempere com o sal, a pimenta-do-reino, o balsâmico e o vinagre de maçã. Por enquanto, não acrescente o azeite. Cubra com plástico filme e deixe descansar na geladeira, idealmente, por 6 horas. Depois disso, processe todos os ingredientes por um bom tempo. Deve ficar uma preparação lisa. Corrija o tempero e volte a processar, acrescentando o azeite em fio. Quando a preparação estiver emulsionada, passe por um coador bem fino e reserve na geladeira pelo menos 2 horas antes de consumir.

200 G DE QUEIJO BRIE
115 ML DE LEITE INTEGRAL
115 ML DE CREME DE LEITE

EMULSÃO DE QUEIJO BRIE

Coloque todos os ingredientes em uma panela e cozinhe em fogo baixo. A preparação nunca deve ferver. O queijo deve derreter em fogo baixo e se unir ao restante dos ingredientes. Ainda quente, processe e coe. Coloque em uma bisnaga ou saco de confeitar e reserve na geladeira.

25 G DE MANJERICÃO
65 ML DE ÓLEO DE GIRASSOL

ÓLEO DE MANJERICÃO

Em uma panela com abundante água fervendo, escalde o manjericão por literais 2 segundos e passe automaticamente a um banho-maria inverso (tigela com água e gelo). Interromper a cocção bem rápido é fundamental para que o manjericão não se oxide, evitando que o óleo fique marrom. Escorra bem as folhas e bata no liquidificador junto com o óleo de girassol.
Passe toda a mistura para saco de confeitar e pendure-o. Dessa maneira, os resíduos decantam e o óleo fica por cima, limpo, verde e com todo o sabor do manjericão. Reserve e guarde em uma bisnaga.

GASPACHO
EMULSÃO DE QUEIJO BRIE
ÓLEO DE MANJERICÃO
FOLHAS DE MANJERICÃO FRESCO
TOMATES FRESCOS E CONFITADOS

APRESENTAÇÃO DO PRATO

Na louça de sua preferência, sirva o gaspacho com a variedade de tomates que encontrar. Usamos alguns frescos e outros, confitados, o que confere não apenas sabor, mas também textura. Decore com folhas de manjericão e finalize com o óleo e a emulsão.

RENDE 2 PORÇÕES

BERINJELA, CREME DE MILHO E QUEIJO DE CABRA

1 BERINJELA MÉDIA
1 DENTE DE ALHO
AZEITE DE OLIVA LUSSURIA MÉDIO (QUANTO BASTAR)
SAL E PIMENTA-DO-REINO MOÍDA NA HORA (A GOSTO)

BERINJELA

Limpe a berinjela e deixe o talo. Com a ajuda de um descascador de batata, retire toda a pele. Corte-a pela metade, no sentido do comprimento. Faça cortes superficiais em xadrez na polpa.
Descasque o alho e corte-o em lâminas. Disponha as metades de berinjela sobre papel-alumínio. Regue com azeite e tempere com sal e pimenta-do-reino. Acrescente as lâminas de alho. Envolva em papel-alumínio e leve ao forno preaquecido a 160 °C durante 20 minutos. Passado esse tempo, controle o ponto e retire. A berinjela deve manter sua forma e estar levemente macia. Reserve.

50 G DE CEBOLA
½ DENTE DE ALHO
5 G DE GENGIBRE
160 G DE MILHO EM GRÃOS
CALDO DE LEGUMES (QUANTO BASTAR)
20 ML DE ÓLEO DE GIRASSOL
SAL E PIMENTA-DO-REINO (A GOSTO)

CREME DE MILHO

Refogue a cebola picada em brunoise (cubos pequenos), o alho picado e o gengibre ralado em uma panela quente regada com óleo de girassol, com um pouco de sal. Antes que comecem a dourar, incorpore os grãos de milho e o caldo de legumes até cobrir a preparação. Uma vez cozidos, e o caldo reduzido à metade, corrija o sal. Retire do fogo e processe a mistura com o caldo de cocção. Deve ficar um creme liso e sem grumos nem bagaços de milho. Se necessário, passe-o por um coador.

½ L DE VINHO BRANCO
½ L DE MOLHO DE SOJA
2 L DE ÁGUA
1,5 KG DE AÇÚCAR
15 G DE GENGIBRE SEM PELE
2 DENTES DE ALHO

TERIYAKI

Misture todos os ingredientes em uma panela. Cozinhe em fogo alto, batendo com um batedor para que o açúcar decantado no fundo não se queime. Quando começar a ferver, mantenha a cocção em fogo mais baixo que o mínimo e mexa de vez em quando, até que adquira a textura desejada. Este molho vai servir para muitos preparos. Reserve na geladeira.

1 RAMO DE SALSÃO

PÓ DE SALSÃO

Limpe e seque bem o salsão. Corte-o em dois no sentido do comprimento. Desidrate-o a 50 °C durante 36 horas. Processe e reserve em um lugar seco.

50 G DE QUEIJO DE CABRA SEMIDURO CURADO

QUEIJO DE CABRA

Corte o queijo em lâminas bem finas e reserve.

20 G DE AMÊNDOAS DESCASCADAS

AMÊNDOAS

Torre as amêndoas. Depois que esfriarem, pique-as. Reserve.

APRESENTAÇÃO DO PRATO

Na louça de sua preferência, disponha uma metade da berinjela acompanhada com o creme de milho e o queijo de cabra. Regue com o molho teriyaki, polvilhe com o salsão e acrescente as amêndoas torradas por cima.

Rende 30 porções (depende do tamanho do cabrito)

Cabrito
com espuma de parmesão e batata-doce

1 CABRITO
GENGIBRE EM PÓ (QUANTO BASTAR)
AZEITE DE OLIVA (QUANTO BASTAR)
SAL E PIMENTA (A GOSTO)

Cabrito

Desosse o cabrito sem romper a pele. No lado interno, uniformize toda a carne. Do outro lado, misture o azeite com o restante dos ingredientes e espalhe por todo o cabrito. Dobre-o e embale-o a vácuo. Cozinhe no termocirculador a 80 °C por 7 horas. Após esse tempo, retire e pressione ainda quente com um peso e reserve na geladeira por 24 horas. Porcione em cubos de 100 gramas e depois corte ao meio, de modo que ambas as porções tenham pele. Doure os cubos, dos dois lados da pele, em uma frigideira quente regada com óleo de girassol. Finalize a cocção no forno a 180 °C. Reserve o caldo de cozimento.

100 G DE BATATA-DOCE
ÁGUA (QUANTO BASTAR)
50 G DE MANTEIGA
SAL E PIMENTA (A GOSTO)

Purê de batata-doce

Descasque a batata-doce e corte em cubos iguais. Disponha-os em uma panela. Adicione água até cobrir, acrescente manteiga e tempere com sal e pimenta. Cubra com papel-manteiga e cozinhe até que a batata-doce esteja macia e o líquido do cozimento tenha evaporado. Transfira para o processador de alimentos e bata com manteiga fria até formar um purê homogêneo. Ajuste o tempero e reserve.

8 G DE CEBOLINHA
20 ML DE ÓLEO DE GIRASSOL

Óleo de cebolinha

Processe todos os ingredientes. Coloque a mistura em um saco de confeitar e pendure. Assim, os resíduos decantam e o óleo fica na parte de cima, limpo e verde. Reserve em um frasco.

25 G DE PARMESÃO
20 ML DE LEITE INTEGRAL
35 ML DE CREME DE LEITE

Espuma de parmesão

Coloque os ingredientes em uma panela em fogo baixo. Mexa constantemente, a mistura não deve ferver. Quando o queijo estiver derretido, processe. Coe o molho e transfira a um sifão com duas cargas. Reserve.

50 ML DO CALDO DE COZIMENTO

Apresentação do prato

Na louça de sua preferência, sirva um cubo de cabrito sobre o purê e cubra com o caldo do cozimento. Regue com o óleo de cebolinha e decore com a espuma de parmesão.

CASA VIGIL

RENDE 1 PORÇÃO

ANOLINI
COM PESTO GENOVÊS

80 G DE FARINHA DE TRIGO
20 G DE SÊMOLA
1 OVO

MASSA

Faça uma coroa com a farinha e a sêmola em uma bancada limpa. Acrescente o ovo a temperatura ambiente no centro e comece a integrar os ingredientes aos poucos, com a ajuda de um garfo, até formar uma massa. Amasse por 10 minutos até obter uma massa homogênea. Cubra com filme plástico e mantenha na geladeira por 30 minutos. Espalhe a sêmola na bancada e abra a massa até ficar com a espessura de 1 mm. Essa etapa pode ser feita um rolo ou com uma máquina de abrir massas. Reserve.

500 ML DE LEITE INTEGRAL
20 ML DE SUCO DE LIMÃO
3 G DE RASPAS DE LIMÃO
15 ML DE CREME DE LEITE
50 G DE CEBOLA
½ DENTE DE ALHO
300 G DE ESPINAFRE LIMPO
1 G DE NOZ-MOSCADA
25 ML DE AZEITE DE OLIVA
SAL E PIMENTA-DO-REINO MOÍDA (A GOSTO)

RECHEIO DE ESPINAFRE E RICOTA

Aqueça o leite em uma panela. Meça a temperatura com um termômetro e, quando atingir 80 °C (não deve ultrapassar), acrescente o suco de limão e desligue o fogo. Mexa e deixe descansar por 15 minutos.

Após esse tempo, passe a mistura por um coador de leite vegetal. Coloque a preparação em uma peneira, com algum peso por cima, e esta em um recipiente que permita coletar o líquido que decanta a ricota enquanto ela descansa. Reserve na geladeira por pelo menos 12 horas.

Tempere a ricota com sal, pimenta, raspas de limão e creme de leite. Misture até obter uma ricota homogênea e cremosa. Reserve na geladeira.

Numa frigideira quente regada com azeite de oliva, refogue a cebola cortada em brunoise (cubos pequenos) e o alho picado com um pouco de sal, até ficar transparente. Aumente o fogo ao máximo e acrescente o espinafre picado. Deixe dourar por um minuto, retire do fogo e misture com 100 gramas de ricota. Tempere com a noz-moscada.

Coloque o recheio em um saco de confeitar e reserve na geladeira.

ANOLINI

Disponha porções de recheio frio espaçadas no centro de uma camada de massa. Regue com um pouco de água e cubra com outra camada de massa aberta. Corte os pedaços com o cortador de *anolini* e reserve na bancada enfarinhada. Caso não tenha esse cortador, pode-se utilizar qualquer outro e modelar conforme desejar.

CASA VIGIL

Pesto genovês

Processe todos os ingredientes e reserve na geladeira.

35 G MANJERICÃO
½ DENTE DE ALHO
20 G PINHÕES TORRADOS
75 ML DE AZEITE DE OLIVA
30 G DE PARMESÃO RALADO
SAL E PIMENTA-DO-REINO MOÍDA (A GOSTO)

Bocconcini

Escorra e corte os *bocconcini* ao meio. Tempere com sal, pimenta-do-reino moída na hora e azeite de oliva.

60 G DE *BOCCONCINI*

Cozimento

Cozinhe a massa em abundante água fervente, com 15 gramas de sal por litro de água, por 6 a 8 minutos.

Apresentação do prato

Na louça de sua preferência, sirva a massa com o pesto e o *bocconcini*. Pode-se adicionar tomates-cereja vermelhos e amarelos previamente temperados.

Rende 6 porções

Cogumelos
e marmelos

100 g de cebola
500 g de cogumelos portobello
2 dentes de alho
10 g de tomilho
100 g de cogumelos secos
1 jalapenho
250 ml de vinho branco
3 l de água
½ folha de louro
20 g de gengibre
Azeite de oliva (quanto bastar)
1 g de pimenta-do-reino em grãos
Sal e pimenta (a gosto)

Caldo de cogumelos

Em uma panela regada com azeite de oliva, refogue a cebola cortada em cubos pequenos, os cogumelos portobello fatiados, o alho picado e o tomilho.
Não devem ficar dourados, apenas refogados e cozidos com a ajuda do sal.
Enquanto isso, hidrate os cogumelos secos em um litro de água quente no mínimo por 15 minutos. Escorra os cogumelos e coloque na panela junto com o jalapenho cortado ao meio. Cozinhe por alguns minutos enquanto mexe.
Adicione o vinho branco e cozinhe até evaporar o álcool e o líquido reduzir pela metade. Acrescente a água dos cogumelos, previamente coada em uma peneira fina para evitar terra e pedras que possa conter. Adicione a água, o louro, o gengibre descascado e os grãos de pimenta. Cozinhe em fogo médio até reduzir tudo pela metade. Após esse tempo, filtre e continue reduzindo. O caldo deve ficar intenso, cremoso e limpo; se necessário, filtre várias vezes em uma peneira para continuar descartando as impurezas dos cogumelos.

4 cogumelos portobello grandes
150 ml de óleo de girassol
50 ml de azeite de oliva
¼ cebola em julienne (corte em meia-lua)
1 g de pimenta-do-reino em grãos

Carpaccio de cogumelos

Corte os cogumelos em fatias de 2 mm. Mergulhe-os no óleo com os outros ingredientes. Cozinhe a 60 °C por 10 minutos. Deixe esfriar e monte um carpaccio. Reserve.

20 g de salsinha
60 ml de óleo de girassol

Óleo de salsinha

Escalde a salsinha em bastante água fervente com sal, apenas por alguns segundos. Mude automaticamente para um banho-maria inverso (tigela com água e gelo).
Escorra e processe com o óleo de girassol. Passe a mistura por um filtro de pano e reserve em um frasco.

225 g de abóbora cozida
2 g de tomilho
1 g de alecrim
10 g de sal
2 g de pimenta-do-reino
15 ml de azeite de oliva

Emulsão de abóbora

Disponha a abóbora cortada em cubos em uma assadeira, regue com azeite de oliva e tempere com sal, pimenta e tomilho. Asse a abóbora em um forno preaquecido a 180 °C. Depois de cozida, retire a polpa e transfira tudo para o processador de alimentos, a partir daí começamos com a receita de 225 gramas. Adicione o restante dos ingredientes, exceto o azeite, e processe até obter um purê homogêneo e cremoso. Termine de emulsionar com o azeite de oliva e reserve em um frasco.

Gel de marmelo

100 G DE AÇÚCAR
100 ML DE ÁGUA
500 G DE POLPA DE MARMELO

Em uma panela, disponha todos os ingredientes. Cozinhe em fogo alto e, quando começar a ferver, passe para o fogo mais baixo que o mínimo e cozinhe por 2 minutos. Após esse tempo, retire e deixe esfriar. Processe com a polpa do marmelo e reserve em um frasco.

Cubos de marmelo

1 MARMELO
20 G DE AÇÚCAR

Descasque o marmelo. Corte em cubos e misture com o açúcar. Asse em forno preaquecido a 160 °C por 10 minutos. Retire e reserve.

Chips de cogumelos

1 PORTOBELLO

Corte o portobello em fatias bem finas. Aperte-as na chapa desidratadora. Seque a 60 °C por 24 horas.

Apresentação do prato

Na louça de sua preferência, sirva o caldo e a emulsão de abóbora e acrescente o carpaccio por cima.
Regue com azeite. Sirva com os cubos de marmelo decorados com o gel e os chips de cogumelos.

Rende 9 unidades

Bolinhos fritos de beterraba
com queijo de cabra

2 BETERRABAS

Beterraba assada

Limpe a beterraba. Corte as folhas e os caules e reserve. Cozinhe a beterraba no forno preaquecido a 180 °C por 25 minutos ou até ficar macia. Retire e deixe esfriar. Descasque e corte em quartos. Reserve na geladeira.

500 G DE FOLHAS DE BETERRABA
500 G DE ACELGA
2 DENTES DE ALHO
200 G DE CEBOLA
1 BETERRABA CRUA E SEM PELE
7 OVOS
300 G DE FARINHA DE TRIGO
50 ML DE AZEITE DE OLIVA
SAL E PIMENTA-DO-REINO (A GOSTO)

Bolinhos de beterraba

Escalde as folhas de beterraba e a acelga. Transfira-as para banho-maria inverso (tigela com água e gelo). Escorra muito bem, seque e pique. Em uma frigideira com azeite de oliva, refogue a cebola cortada em brunoise (cubos pequenos) e o alho picado com sal. Antes de ganhar cor, acrescente as folhas picadas, a beterraba crua ralada e ajuste os temperos. Deixe esfriar e acrescente os ovos e a farinha. Em um prato enfarinhado, disponha colheradas da mistura. Não se deve manipular muito para que a preparação não continue absorvendo farinha do prato e o bolinho fique duro. Modele em forma de cilindro e frite em bastante óleo a 170 °C até ficar cozido.

2 LIMÕES
200 G DE QUEIJO DE CABRA PARA UNTAR
2 G DE COMINHO
350 ML DE LEITE INTEGRAL
SAL E PIMENTA-DO-REINO MOÍDA (A GOSTO)

Molho de queijo de cabra

Rale as cascas dos limões e esprema todo o suco. Misture com o restante dos ingredientes e reserve em um frasco.

2 POMELOS

Pomelo

Descasque os gomos e reserve.

5 G SEMENTES DE GERGELIM PRETO
5 G SEMENTES DE GERGELIM BRANCO
5 G DE SEMENTES DE LINHAÇA
5 G SEMENTES DE GIRASSOL

Sementes

Torre todas as sementes e reserve.

100 ML DE AZEITE DE OLIVA
30 ML DE VINAGRE BALSÂMICO
3 G DE SAL

Vinagrete

Misture o vinagre com o sal. Em seguida, adicione o azeite de oliva em fio enquanto bate. Reserve.

1 RAMO DE RÚCULA

Rúcula

Lave, seque e reserve.

Apresentação do prato

Cubra a beterraba assada com as sementes torradas. Na louça de sua preferência, sirva os bolinhos fritos sobre a rúcula e acrescente a beterraba, o pomelo, o molho e o vinagrete.

RENDE 5 PORÇÕES

COSTELA E BATATINHAS DE USPALLATA

5 L DE ÁGUA
500 G DE SAL GROSSO
1 FOLHA DE LOURO
5 G DE PIMENTA-DO-REINO EM GRÃOS

SALMOURA

Disponha todos os ingredientes em uma panela com água fervente. Assim que o sal estiver completamente dissolvido, retire do fogo e deixe esfriar.

15 G DE SALSINHA DESIDRATADA
5 G DE ORÉGANO DESIDRATADO
5 G DE PÁPRICA
5 G DE PIMENTA-VERMELHA MOÍDA
2 G DE PIMENTA-DO-REINO EM GRÃOS
100 ML DE AZEITE DE OLIVA LUSSURIA FORTE

MARINADA

Processe a salsinha, o orégano, a páprica, a pimenta-vermelha moída e a pimenta-do-reino até virar pó. Retire e adicione o azeite de oliva.

1 COSTELA JANELA

COSTELA

A costela janela é um corte obtido da região central da costela bovina. São 5 ossos de 20 a 25 cm de comprimento com grande quantidade de carne, uniforme em toda a superfície.
Coloque a costela em uma travessa e cubra com a salmoura.
Cubra com filme plástico e mantenha na geladeira por 12 horas.
Depois do repouso de 12 horas, retire a costela da salmoura.
Seque-a bem e regue toda a superfície da carne com a marinada.

1 COSTELA MARINADA
2 CENOURAS MÉDIAS EM MIREPOIX
2 CEBOLAS MÉDIAS EM MIREPOIX
½ CABEÇA DE ALHO
½ ALHO-PORÓ EM MIREPOIX
1 RAMO DE SALSÃO EM MIREPOIX
250 ML DE VINHO TINTO (USAMOS CABERNET FRANC)
CALDO DE LEGUMES (QUANTO BASTAR)
80 ML DEMI-GLACE

COZIMENTO

Em um recipiente fundo, próprio para ir ao forno, disponha todos os legumes na base e a costela sobre os vegetais, com os ossos voltados para cima.
Leve ao forno preaquecido a 180 °C por 25 minutos até dourar levemente. Após esse tempo, adicione o vinho tinto e o caldo de legumes até 1 cm abaixo dos ossos. Continue cozinhando no forno a 80 °C por 12 horas.
Retire o recipiente do forno e a costela com muito cuidado para que não se desfaçam. Filtre todo o suco do cozimento e desengordure.

CASA VIGIL

Batatinhas agroecológicas e cogumelos

Retire a manteiga da geladeira para amolecer. Pique as ervas bem fininhas e misture com a manteiga. Disponha em filme plástico, forme um cilindro e reserve na geladeira.
Limpe e escove as batatinhas, retirando todo o excesso de terra. Cozinhe as batatinhas no vapor até ficarem *al dente*. Deixe esfriar e corte-as ao meio. Frite-as até que comecem a dourar.
Cozinhe as ervilhas no vapor por um minuto. Transfira para um banho-maria inverso (tigela com água e gelo). Escorra e reserve.
Corte o bacon em cubos de 0,5 cm e reserve.
Limpe os cogumelos portobello com um pano úmido. Corte-os em quartos e reserve.
Em uma frigideira morna, sem gordura, acrescente o bacon. Continue mexendo enquanto libera a gordura. Adicione os cogumelos e continue cozinhando até dourar dos dois lados. Acrescente as batatinhas fritas e aumente o fogo ao máximo. Deixe dourar por alguns minutos, acrescente as ervilhas e a manteiga de ervas. Depois de derretido e quente, coloque no prato.

300 G MANTEIGA
15 G CEBOLINHA
3 PUNHADOS DE TOMILHO
2 RAMOS DE ALECRIM
15 G SALSINHA
600 G DE BATATINHAS AGROECOLÓGICAS DE USPALLATA
125 G ERVILHAS DESCASCADAS
10 COGUMELOS PORTOBELLO GRANDES
125 G DE BACON DEFUMADO
ÁGUA (QUANTO BASTAR)
SAL GROSSO (QUANTO BASTAR)
ÓLEO (QUANTO BASTAR)

Apresentação do prato

Cozinhe as costelas no forno em temperatura alta, apenas alguns minutos, para dourar. Banhe com o caldo de cozimento. Acompanhe com as batatinhas e os cogumelos.

75 ML DE REDUÇÃO DE DEMI-GLACE E CALDO DE COZIMENTO

RENDE 2 PORÇÕES

PEIXE-REI
E ABOBRINHA

1 PEIXE-REI INTEIRO
500 ML DE ÁGUA
5 G DE SAL
500 ML DE VINAGRE DE ÁLCOOL
100 ML DE AZEITE DE OLIVA LUSSURIA SUAVE

CONSERVA DE PEIXE-REI

Retire todas as escamas do peixe-rei. Remova as barbatanas e a cauda.
Limpe bem e retire as espinhas com muito cuidado, com o auxílio de uma pinça.
Em seguida, ferva a água com o sal. Misture até que ele esteja completamente dissolvido. Transfira para uma tigela e deixe esfriar. A salmoura deve estar bem fria antes do uso.
Mergulhe o peixe-rei na salmoura por 10 minutos. Após esse tempo, retire e mergulhe no vinagre de álcool por 15 minutos. Seque bem e conserve na geladeira coberto com azeite de oliva.

200 G DE ABOBRINHA (VERDE, VERDE-ESCURA OU AMARELA)
35 ML DE AZEITE DE OLIVA LUSSURIA FORTE
2 DENTES DE ALHO ASSADOS
15 G DE MOSTARDA DIJON
SAL E PIMENTA (A GOSTO)

EMULSÃO DE ABOBRINHA E MOSTARDA DIJON

Corte a abobrinha em rodelas de 0,5 cm de espessura. Tempere com sal e pimenta, regue com azeite de oliva e leve ao forno a 180 °C durante 10 minutos. Coloque todos os ingredientes no liquidificador e processe. A emulsão deve ficar lisa. Ajuste o tempero se necessário.

50 G DE AZEITONAS VERDES
100 G DE BATATA COZIDA
50 ML DE AZEITE DE OLIVA LUSSURIA MÉDIO
SAL E PIMENTA (A GOSTO)

EMULSÃO DE BATATA E AZEITONA

Lave bem as azeitonas. Seque-as e retire o caroço. Processe todos os ingredientes e peneire. Reserve em um frasco na geladeira.

20 G DE SALSINHA
45 ML DE ÓLEO DE GIRASOL

ÓLEO DE SALSINHA

Em uma panela com bastante água fervente, escalde a salsinha por literais 2 segundos e automaticamente transfira as folhas para um banho-maria inverso (tigela com água e gelo). É essencial interromper o cozimento muito rapidamente para que a salsinha não oxide, evitando que o óleo fique marrom. Escorra muito bem e misture com o óleo.
Transfira toda a mistura para um saco de confeitar e pendure-o. Dessa forma, os resíduos decantam e o óleo fica por cima, limpo, verde e com todo o sabor da salsinha. Reserve e guarde em um frasco.

APRESENTAÇÃO DO PRATO

Na louça de sua preferência, sirva o peixe-rei com as duas emulsões e regado com o óleo de salsinha.

Rende 10 porções

ESCABECHE DE COELHO

1 CEBOLA GRANDE
1 CENOURA GRANDE
½ CABEÇA DE ALHO
2 RAMOS DE SALSÃO
1 COELHO INTEIRO SEM AS VÍSCERAS
1 L DE VINHO BRANCO
1 FOLHA DE LOURO
SAL E PIMENTA (A GOSTO)

ESCABECHE (PRIMEIRO COZIMENTO)

Corte os legumes em mirepoix (cubos bem pequenos). Disponha-os numa assadeira para ir ao forno. Tempere o coelho com sal e pimenta e coloque por cima dos legumes. Adicione o vinho branco e o louro. Cubra com papel-alumínio e leve ao forno preaquecido a 180 °C por uma hora e meia.
Depois de morno, desfie o coelho em pedaços grandes. Filtre e reserve o suco do cozimento.

½ KG DE CEBOLA
½ KG DE PIMENTÃO
½ KG DE CENOURA
3 DENTES DE ALHO
300 ML DE ÓLEO DE GIRASSOL
500 ML DE VINAGRE DE VINHO BRANCO
300 ML DO SUCO DE COZIMENTO
1 COELHO DESMEMBRADO
5 G DE PIMENTA-VERMELHA MOÍDA
5 G DE PIMENTA-DO-REINO EM GRÃOS
1 FOLHA DE LOURO
SAL (QUANTO BASTAR)

ESCABECHE (SEGUNDO COZIMENTO)

Corte os legumes em brunoise (cubos pequenos) e pique os dentes de alho. Refogue os legumes em uma panela com o óleo quente e um pouco de sal. Quando estiverem macios, adicione o vinagre, o suco do cozimento e o coelho.
Cozinhe em fogo alto até começar a ferver. Nesse ponto, adicione a pimenta-vermelha moída, a pimenta-do-reino e a folha de louro. Diminua o fogo ao mínimo e cozinhe por 10 minutos. Deixe esfriar e guarde na geladeira.

---

450 G DE PIMENTÕES ASSADOS
3 DENTES DE ALHO ASSADOS
300 ML DE LEITE INTEGRAL
600 ML DE ÓLEO DE GIRASSOL
20 G DE SAL
5 G DE PIMENTA-DO-REINO MOÍDA
AZEITE DE OLIVA

LACTONESE DE PIMENTÕES ASSADOS

Queime os pimentões na chama do fogão, virando-os sempre, para tostar igualmente todos os lados.
Eles devem ficar completamente escuros. Depois de prontos, coloque-os em um saco plástico, feche-o e deixe esfriar em temperatura ambiente.
Após esse tempo, a pele queimada se desprenderá facilmente; retire as sementes e reserve. Não lave com água, pois queremos preservar o sabor defumado.
Asse os alhos no forno a 160 °C, cobertos com papel-alumínio e regados com azeite de oliva. Cozinhe por 20 minutos até que fiquem macios e adocicados.
Processe o leite, os pimentões assados e o alho até obter uma emulsão homogênea. Reduza a velocidade do liquidificador e despeje o óleo em fio até atingir a textura desejada. Tempere com sal e pimenta e reserve.

PÃO ITALIANO

200 G DE FERMENTO SECO ATIVO
800 ML DE ÁGUA
900 G DE FARINHA DE TRIGO
100 G DE FARINHA DE TRIGO INTEGRAL OU DE CENTEIO
20 G DE SAL
25 ML DE AZEITE DE OLIVA LUSSURIA MÉDIO
20 G DE MISTURA DE SEMENTES (GERGELIM, GIRASSOL, LINHAÇA)

Dilua o fermento em uma tigela com 90% de água. Adicione as duas farinhas e amasse por 10 minutos. Cubra e deixe descansar por uma hora na geladeira (esse processo é chamado de "autólise"). Após o descanso, adicione o sal, diluído nos 10% de água restantes, e o azeite de oliva. Misture e amasse. Cubra e deixe descansar por 30 minutos.
Após esse tempo, a massa estará relaxada e poderemos iniciar a fermentação em bloco e as dobras.

Dobras. Imagine que a massa tenha quatro lados. Abra um lado e dobre-o em direção ao centro. Vire a massa um quarto e faça o mesmo movimento de esticar e dobrar. Repetimos esse processo até cobrir os quatro lados, sem rasgar a massa. Cubra a massa e deixe descansar por 20 minutos. Repita esse processo mais 3 vezes.

Quando o processo de fermentação em bloco e dobras estiver concluído, divida a massa em pães de 350 gramas e modele-os. Cubra e deixe descansar por 20 minutos.
Após esse tempo, estique as extremidades e leve-as em direção ao centro para que comece a formar um retângulo.
Enrole os pães sobre si mesmos no sentido do comprimento, formando um pão arredondado, e sempre sovando com a ajuda de uma espátula. Cubra a superfície exposta dos pães com o mix de sementes e coloque-as viradas para baixo no banneton (cesto de fermentação), com as sementes voltadas para baixo. Cubra e mantenha refrigerado entre 4 e 7 °C por pelo menos 8 horas.
Preaqueça o forno a 240 °C. Retire os pães da geladeira e coloque-os em uma assadeira enfarinhada própria para ir ao forno. Faça cortes sobre os pães e leve-os ao forno por 10 minutos com alto percentual de vapor. Passado esse tempo você pode ver que o pão cresceu e a crosta dele se abriu. Diminua a temperatura do forno para 210 °C e cozinhe por mais 20 a 25 minutos. Retire do forno e deixe esfriar.

APRESENTAÇÃO DO PRATO

TORRADA DE MASSA MADRE GRELHADA
ESCABECHE DE COELHO
LACTONESE DE PIMENTÃO DEFUMADO
RABANETES FRESCOS
BROTOS DE RABANETE

Corte 10 fatias de pão, torre e sirva com o escabeche de coelho na louça de sua preferência. Tempere com a lactonese e sirva com os brotos.

RENDE 1 PORÇÃO

ASPARGOS
E OVO A BAIXA TEMPERATURA

6 ASPARGOS
AZEITE DE OLIVA LUSSURIA MÉDIO (QUANTO BASTAR)
SAL E PIMENTA-DO-REINO EM GRÃOS (A GOSTO)

ASPARGOS

Lave e seque os aspargos. Corte-os de modo que todos tenham 11 cm de comprimento. Com um descascador de batatas, retire a primeira camada fibrosa dos aspargos, do meio para a base. Disponha um recipiente cheio de água com gelo. Em uma panela com bastante água fervente e 15 gramas de sal por litro de água, escalde os aspargos por um minuto. Retire-os e imediatamente transfira para o recipiente com água e gelo. Deixe-os mergulhados por alguns minutos na água fria para interromper o cozimento. Assim eles se mantêm al dente e bem verdes. Em uma frigideira com azeite bem quente, doure os aspargos. Tempere com sal e pimenta.

1 OVO

OVO

Para esse processo, é necessário um termostato que regule a temperatura da água abaixo de 100 °C. Esse instrumento é chamado de Roner. Se não tiver esse recurso, a medição pode ser feita com a ajuda de um termômetro de precisão, sem sair do lado da panela para controlar se a temperatura está sempre correta. Isso pode ser contornado simplesmente fazendo um ovo poché.

Tempere o ovo, ou seja, ele deve estar em temperatura ambiente para o cozimento. Encha uma panela com água. Insira a Roner e ajuste a temperatura para 63 °C. Adicione o ovo inteiro quando a temperatura estiver definida e faça a contagem regressiva para 45 minutos. Retire o ovo e descasque-o. Tempere com sal e pimenta e sirva no prato.

200 G DE CASCA DE LIMÃO
30 G DE AÇÚCAR
30 ML DE ÁGUA DE COZIMENTO
10 ML DE AZEITE DE OLIVA

EMULSÃO DE LIMÃO

Com a ajuda de um descascador de batatas ou de uma faca, retire a casca dos limões. Escalde a pele três vezes começando com água fria.

Filtre e troque a água a cada tanto. Reserve a água da última fervura. Assim que estiverem mornas, processe as cascas com o restante dos ingredientes, exceto o azeite. Quando a preparação estiver homogênea, processe novamente, adicionando azeite de oliva em fio aos poucos. Se necessário, peneire a preparação.

Pão frito

50 g de pão de fôrma
10 ml de azeite de oliva
¼ de dente de alho

Remova a crosta do pão e deixe o miolo secar. No dia seguinte, processe e reserve.
Coloque o azeite de oliva e o alho em uma panela em fogo mais baixo que o mínimo para infundir e dar sabor. Quando o alho começar a dourar, retire-o e aumente o fogo. Acrescente o pão e mexa. O pão não deve dourar muito. Transfira-o para o papel-toalha e deixe esfriar. Reserve em um local seco.

Apresentação do prato

Na louça de sua preferência, sirva os aspargos com o ovo, o pão frito e regue com a emulsão de limão.

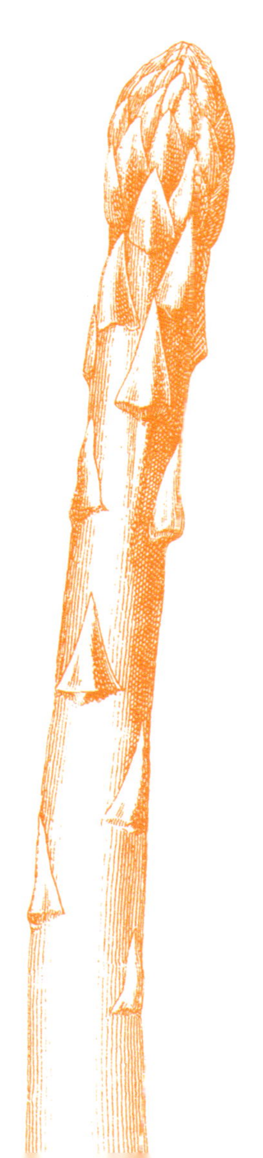

RENDE 4 PORÇÕES

TRUTA
E AÇAFRÃO

1 L DE CREME DE LEITE
1 CEBOLA GRANDE INTEIRA
1 CRAVO-DA-ÍNDIA
¼ DE FOLHA DE LOURO
15 FIOS DE AÇAFRÃO
50 ML DE MOLHO DE OSTRAS
SAL (A GOSTO)

CREME DE AÇAFRÃO

Coloque o creme de leite, a cebola, o cravo-da-índia e a folha de louro em uma panela em fogo alto. Quando começar a ferver, reduza o fogo ao mínimo até reduzir um quarto do volume inicial. Nesse ponto, filtre e despeje o creme reduzido de volta à panela. Torre os fios de açafrão levemente e sem queimá-los. Em seguida, moa a especiaria em um pilão e acrescente ao creme junto com o molho de ostras. Cozinhe por alguns minutos e ajuste o tempero se necessário.

4 LOMBOS DE TRUTA DE 125 G

TRUTA

Seque bem a truta. Ela não deve ter espinhas nem escamas. Tempere com sal os dois lados. Em uma frigideira com óleo bem quente, coloque as trutas com a pele voltada para baixo, pressionando um pouco para não encolher. Cozinhe em fogo médio por um minuto e meio.
Vire e doure. Retire do fogo. Se a truta for cozida demais, ela ficará seca e perderá toda a sua textura, untuosidade e sabor. Recomendamos sempre cozinhar a truta suculenta ou malpassada.

20 G DE FOLHAS DE AGRIÃO
45 ML DE ÓLEO DE GIRASSOL

ÓLEO DE AGRIÃO

Em uma panela com bastante água fervente, escalde as folhas de agrião por literais 2 segundos e passe automaticamente para banho-maria inverso (tigela com água e gelo). É fundamental interromper a cocção rapidamente para que o agrião não oxide, evitando que o azeite fique marrom. Escorra, seque bem e processe com o óleo.
Passe toda a mistura para um saco de confeitar e pendure-o. Dessa forma, os resíduos decantam e o azeite fica por cima, limpo, verde e com todo o sabor do agrião. Reserve e guarde em um frasco.

APRESENTAÇÃO DO PRATO

Na louça de sua preferência, sirva a truta regada com azeite e creme de açafrão.

RENDE 8 PORÇÕES

MOLLEJAS COM REDUÇÃO DE ALHO PRETO E CHARDONNAY

2 *MOLLEJAS* DE CORAÇÃO
1 LIMÃO
150 G DE DEMI-GLACE
SAL (A GOSTO)

MOLLEJAS

Mergulhe as *mollejas* (no Brasil, elas recebem o nome de *timo de boi*) em água gelada. Cubra com filme plástico e deixe na geladeira por 2 horas. Após esse tempo, seque-as e retire o tecido que as recobre.
Cozinhe as *mollejas* em uma grelha com brasas, em fogo muito baixo, por uma hora de cada lado e sem sal. Ao mesmo tempo, deixe um limão na grelha e vá girando-o, para evitar que ele se abra e perca o suco. Antes de retirar as *mollejas*, dê-lhes um golpe de calor forte para caramelizá-las.
Divida cada *molleja* em 4 porções e disponha-as em uma frigideira com o demi-glace. Laqueie e adicione o suco de limão morno. Salgue e reserve.

½ CEBOLA
½ CENOURA
¼ DE FOLHA DE LOURO
1 BAGA DE ZIMBRO
1 G DE PIMENTA-DO-REINO EM GRÃOS
½ GARRAFA DE VINHO CHARDONNAY EL ENEMIGO
500 ML DE CALDO DE LEGUMES
150 ML DE DEMI-GLACE
30 G DE MEL
30 G DE VINAGRE BALSÂMICO
40 ML DE MOLHO DE SOJA
15 G DE ALHO PRETO
5 G DE AMIDO DE MILHO
ÓLEO DE GIRASSOL (QUANTO BASTAR)

REDUÇÃO DE ALHO PRETO E CHARDONNAY

Doure a cebola e a cenoura cortadas em cubos em uma panela com óleo de girassol. Depois de dourados, adicione a folha de louro, o zimbro e os grãos de pimenta. Acrescente o vinho chardonnay e cozinhe até reduzir pela metade. Acrescente o caldo de legumes.
Reduza pela metade novamente e adicione o demi-glace, o mel, o molho de soja e o vinagre balsâmico. Quando começar a ferver, diminua o fogo e reduza até a metade. Filtre e retorne o líquido ao fogo. Adicione o alho preto e cozinhe por alguns minutos. Dilua o amido com água e adicione à preparação. Processe até que fique homogêneo e o alho preto esteja perfeitamente incorporado. Reserve.

2 G DE ÁCIDO ASCÓRBICO
800 G DE MAÇÃS-VERDES
1 BAGA DE ZIMBRO
5 G DE SAL
PIMENTA-DO-REINO (A GOSTO)
10 G DE AÇÚCAR
75 ML DE ÁGUA

MAÇÃ E ZIMBRO

Dissolva o ácido ascórbico em uma tigela grande com bastante água. Descasque as maçãs, corte-as em quartos e junte-as à água com o ácido, para evitar que oxidem. Em uma frigideira funda, disponha as maçãs, acrescente 75 ml de água com ácido ascórbico e o restante dos ingredientes. Mexa bem. Cubra com papel manteiga e leve ao fogo. Cozinhe até que as maçãs estejam macias. Evite que fiquem sem água, caso contrário elas ficarão douradas e o sabor e a cor mudarão.
Quando estiverem macias, retire o zimbro e processe as maçãs. Deve ficar um purê homogêneo. Ajuste o tempero e reserve.

Conserva de erva-doce

- 25 ML DE ÁGUA
- 90 ML DE VINAGRE DE MAÇÃ
- 20 G DE AÇÚCAR
- 5 G DE SAL
- 1 RAMO DE ERVA-DOCE

Misture a água com o vinagre, o açúcar e o sal em uma panela. Quando começar a ferver, retire do fogo e adicione a erva-doce cortada em julienne bem fina. Reserve.

Pó de repolho-roxo

- ½ REPOLHO-ROXO

Corte o repolho em fatias bem finas. Quanto mais finas, melhor, pois levará menos tempo para ficar pronto. Coloque em um desidratador e seque a 60 °C por 24 horas. Retire o repolho e processe. Reserve.

Apresentação do prato

Na louça de sua preferência, disponha as *mollejas* regadas com a redução. Sirva com o purê de maçã e a erva-doce em conserva. Polvilhe o pó de repolho-roxo por cima.

RENDE 17 PORÇÕES

TOUCINHO
E AMEIXAS

1 TOUCINHO DE PORCO FRESCO (APROX. 3,5 KG)
400 G DE SAL GROSSO
1 FOLHA DE LOURO
15 G DE PIMENTA-DO-REINO EM GRÃOS
2 L DE ÁGUA

TOUCINHO (SALMOURA)

Limpe o toucinho em água corrente. Remova qualquer cartilagem que possa ter e reserve.
Em uma panela, ferva todos os ingredientes. Quando estiverem dissolvidos, deixe esfriar até alcançar a temperatura ambiente. Adicione o toucinho e mergulhe-o. Cubra com filme plástico e deixe na geladeira por 24 horas.

1 TOUCINHO EM SALMOURA
2 CENOURAS
2 CEBOLAS
1 ALHO-PORÓ
½ RAMO DE SALSÃO
½ CABEÇA DE ALHO
1 CRAVO-DA-ÍNDIA
2 BAGAS DE ZIMBRO
1 FOLHA DE LOURO
250 ML DE VINHO BRANCO
CALDO DE LEGUMES (QUANTO BASTAR)

COZIMENTO

Retire o toucinho da salmoura, lave e seque bem. Corte todos os legumes em mirepoix (cubos pequenos do mesmo tamanho) e arrume-os em uma travessa funda para forno junto com os temperos. Em cima da cama de legumes, disponha o toucinho com o couro para cima. Adicione o vinho branco e o caldo de legumes quente, até a metade da carne. Cubra com papel-alumínio e asse em forno preaquecido a 160 °C por 3 horas. Após esse tempo, verifique o ponto de cozimento. O toucinho deve estar cozido e macio, mas não deve desmanchar. Se necessário, volte ao forno por mais alguns minutos.
Retire o toucinho da travessa e transfira-o para uma outra limpa. Cubra com separador ou filme plástico e coloque um peso por cima. Reserve na geladeira por pelo menos 12 horas.
Após esse tempo, retire o couro e desidrate-o a 50 °C por 36 horas. Reserve. Quebre em pedaços pequenos e frite a 190 °C. Eles vão inchar e ficar crocantes.
Divida o toucinho em cubos ou fatias. Se você cortar cubos com 2 cm de lado, obterá aproximadamente 50 unidades.

100 ML DE ÓLEO DE GIRASSOL
100 G DE ALHO-PORÓ (PARTE BRANCA)
200 G DE CEBOLA
10 G DE SALSÃO
10 G DE ALHO
2 G DE PIMENTA-DO-REINO MOÍDA NA HORA
1 G DE CRAVO-DA-ÍNDIA
3 GRÃOS DE PIMENTA-DA-JAMAICA
400 G DE AMEIXAS
120 ML DE VINAGRE DE MAÇÃ
60 G DE AÇÚCAR MASCAVO
SAL (A GOSTO)

CHUTNEY DE AMEIXA

Doure em uma frigideira, regada com o óleo, todos os legumes cortados em brunoise (cubos pequenos) e o alho picado. Adicione um pouco de sal para ajudar no cozimento. Quando os legumes estiverem macios (não devem ficar corados), adicione os temperos e mexa para que não queimem. Cozinhe por 2 minutos em fogo baixo, para que eles liberem todos os sabores e aromas. Processe metade das ameixas junto com o vinagre e corte a outra metade em cubinhos. Adicione todas as ameixas à frigideira junto com o açúcar. Continue cozinhando em fogo baixo por mais alguns minutos. Retire do fogo e reserve na geladeira.

CASA VIGIL

Molho de ameixa

Hidrate as ameixas com o rum e o vinho branco por 2 horas. Refogue a cebola em uma panela. Em seguida, adicione as ameixas hidratadas e todo o meio líquido. Quando começar a ferver, acrescente o restante dos ingredientes e deixe reduzir. Processe e passe por uma peneira. O molho deve ficar com uma consistência pesada.

250 G DE AMEIXAS SECAS
15 ML DE RUM
250 ML DE VINHO BRANCO
50 G DE CEBOLA
40 G DE AÇÚCAR MASCAVO
600 ML DE CALDO DE LEGUMES

Rabanetes e ameixas

Corte os rabanetes e as ameixas em rodelas de 1 mm de espessura. Monte uma estrutura intercalando os dois ingredientes e reserve.

4 AMEIXAS
4 RABANETES

Apresentação do prato

Na louça de sua preferência, sirva alguns cubos de toucinho. Disponha as fatias de rabanete fresco e ameixa por cima. Regue com o molho e sirva com o chutney e pedaços crocantes da pele.

Rende 4 porções

Tomate
E SORVETE DE TOMATE

1 TOMATE-ROSA GIGANTE OU PLATENSE

Tomate
Corte o tomate em fatias de 1,5 cm. Reserve.

4 AMEIXAS

Ameixas
É muito importante que as ameixas não estejam totalmente maduras. Deverão estar um pouco rígidas e ácidas.
Corte-as em fatias bem finas de 2 mm de espessura. Sobre um prato, monte um carpaccio circular. Reserve.

10 G DE MANJERICÃO
30 ML DE ÓLEO DE GIRASSOL

Óleo de manjericão
Escalde o manjericão em bastante água fervente por 10 segundos. Transfira imediatamente para banho-maria inverso (tigela com água e gelo) para interromper o cozimento e preservar toda a cor e o sabor. Seque e escorra muito bem. Processe todos os ingredientes. Transfira a mistura para um saco de confeitar e pendure. Desta forma, os resíduos decantam o óleo limpo e verde fica por cima. Reserve e guarde em um frasco.

500 G DE TOMATE PLATENSE
10 G DE SAL SEM IODO

Água de tomate fermentada
Os tomates devem estar maduros. Lave e seque-os. Corte-os ao meio. Coloque-os em um saco a vácuo e adicione o sal. Misture bem, sem colher e sem mexer com as mãos. Sele a vácuo. Deixe a bolsa em temperatura ambiente por 5 dias. Após esse tempo, abra o saco. Reserve os tomates para outro preparo. Desta vez usaremos apenas o líquido. Filtre e deixe decantar algumas horas na geladeira. Reserve apenas a água fermentada transparente.

4 QUENELLES DE 35 G (CADA UMA)

Sorvete de tomate e azeite
Na Casa Vigil servimos o sorvete de tomate feito por um sorveteiro local com os nossos tomates e azeites de oliva.

Apresentação do prato
Na louça de sua preferência, sirva uma quenelle de sorvete de tomate sobre o carpaccio de ameixa e tomate. Adicione a água de tomate fermentada e regue com o óleo de manjericão.

Rende 6 porções

Abóbora
e chocolate branco

150 g de manteiga
125 g de açúcar refinado
45 g de gemas
1 ovo inteiro
275 g de farinha de trigo

Massa sablée

Bata a manteiga amolecida com o açúcar até obter um creme claro. Adicione aos poucos e sem parar de bater as gemas e o ovo. Por fim, adicione a farinha. Integre até formar uma massa, cubra com filme plástico e deixe descansar algumas horas na geladeira. Abra a massa com um rolo sobre uma bancada levemente enfarinhada. Despeje sobre as fôrmas. Cubra a massa com papel-alumínio e distribua um peso por cima (pode ser um pacote de mantimento que tenha em casa).
Leve ao forno preaquecido a 180 °C por 8 minutos.

200 g de açúcar
200 g de farinha de trigo
200 g de manteiga
1 ml de extrato de baunilha

Crumble de baunilha

Misture todos os ingredientes e leve à batedeira. Espalhe a massa sobre um tapete de silicone e leve ao forno preaquecido a 170 °C. Deixe esfriar.

375 ml de suco de laranja
125 g de açúcar
1 g de gengibre

Redução de laranja e gengibre

Disponha todos os ingredientes em uma panela. Leve ao fogo e quando levantar fervura diminua o fogo para o mínimo. Deixe reduzir pela metade e reserve.

6 fatias de abóbora
250 g de açúcar
250 ml de água
1 ramo de tomilho

Fatias de abóbora

Descasque a abóbora e corte-a em rodelas circulares bem finas. Com o restante dos ingredientes, faça uma calda. Adicione as fatias à calda e cozinhe por um minuto. Retire a preparação do fogo e deixe esfriar tudo junto.

425 ml de creme de leite
3 ramos de tomilho
275 g de chocolate branco
4 g de gelatina sem sabor
15 ml de água

Cremoso de chocolate branco

Aqueça 125 ml de creme de leite com o tomilho. Quando levantar fervura, acrescente o chocolate branco picado. Adicione a gelatina sem sabor, previamente hidratada com água, à mistura quente de creme e chocolate picado. Bata os 300 ml de creme de leite restantes até obter um ponto médio. Em seguida, acrescente o creme de leite batido com o auxílio de uma espátula, envolvendo todo o preparo.

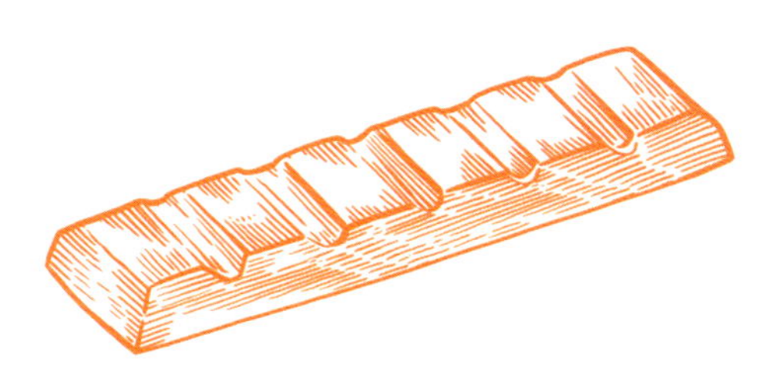

Mousse de abóbora

300 g de purê de abóbora
200 ml de creme de leite
raspas de 2 laranjas
75 g de claras
150 g de açúcar
7 g de gelatina sem sabor
26 ml de água

Cozinhe a abóbora no vapor. Processe, coloque o purê em uma peneira chinesa e reserve durante a noite na geladeira para escorrer todo o líquido que possa conter.
Bata o creme de leite até obter um ponto médio com as raspas de laranja e reserve.
Bata as claras com o açúcar em banho-maria até que os grãos de açúcar derretam por completo. Bata na velocidade máxima até o merengue atingir a temperatura ambiente.
Misture o merengue com o purê de abóbora, a gelatina previamente dissolvida na água e, por último, o creme meio batido.

Montagem

Recheie as tortinhas com a mousse de abóbora e use uma espátula para uniformizá-los. Reserve na geladeira por uma hora.

Apresentação do prato

Na louça de sua preferência, disponha sobre a mousse o crumble de baunilha e uma quenelle de cremoso de chocolate branco. Decore com fatias de abóbora e regue com a redução de laranja e gengibre.

RENDE 6 PORÇÕES

MAÇÃ-VERDE

500 ML DE LEITE DE COCO
3 G DE NOZ-MOSCADA
½ FAVA DE BAUNILHA
120 G DE AÇÚCAR
15 G DE AMIDO DE MILHO

CREME INGLÊS

Aqueça o leite de coco junto com a noz-moscada e a fava de baunilha. Misture o amido de milho com o açúcar e acrescente ao leite de coco. Deixe ferver por um minuto e retire do fogo. Depois de frio, peneire e reserve.

250 G DE POLPA DE MAÇÃ-VERDE
53 G DE AÇÚCAR BRANCO
25 G DE PECTINA
10 G DE GLICOSE
2 G DE ÁCIDO CÍTRICO
ÁCIDO ASCÓRBICO (QUANTO BASTAR)

BOMBOM DE MAÇÃ

Para a polpa, lave a maçã e retire o caroço. Coloque em um recipiente próprio para micro-ondas, cubra com filme plástico e cozinhe em temperatura máxima por 10 minutos. Após esse tempo, descasque a maçã. Transfira a polpa para uma panela e acrescente 8 gramas de açúcar e a pectina e misture bem; depois, acrescente a glicose e o açúcar restante. Mexa e monitore com um termômetro até a temperatura atingir 95 ºC.
Por fim, adicione o ácido cítrico e retire do fogo. Despeje em uma fôrma quadrada com papel alumínio. Deixe secar em temperatura ambiente por 24 horas. Desenforme, corte em cubos e polvilhe com ácido ascórbico.

1 KG DE MAÇÃ-VERDE
½ KG DE BANANA

SORVETE DE MAÇÃ

Descasque a maçã, coloque em um recipiente e cubra com filme plástico. Cozinhe no micro-ondas por 10 minutos, em potência máxima. Depois congele, assim como a banana cortada em rodelas, por pelo menos 5 horas. Processe a maçã e a banana congeladas e congele novamente por, no mínimo, 8 horas.

1 MAÇÃ
ÁGUA (QUANTO BASTAR)
½ LIMÃO

MAÇÃ EM CUBOS

Misture a água com o limão. Descasque e corte a maçã em cubos perfeitos de 0,5 x 0,5 cm. Reserve em água para evitar que oxide.

2 MAÇÃS
750 ML DE ÁGUA
350 G DE AÇÚCAR

COMPOTA DE MAÇÃ

Faça uma calda com a água e o açúcar. Em seguida, descasque e corte a maçã em quartos e retire as sementes. Adicione a maçã à calda e ferva por 5 minutos. Após esse tempo, retire as maçãs e deixe esfriar. Reserve na mesma calda fria.

APRESENTAÇÃO DO PRATO

Na louça de sua preferência, disponha uma base de creme inglês. Adicione a compota de maçã, os bombons de maçã, uma quenelle de sorvete e cubos de maçã fresca.

Rende 6 porções

Pêssego
e açafrão

300 g de manteiga
75 g de farinha de trigo

Massa untuosa
Misture a manteiga em temperatura ambiente com a farinha. Deve se formar uma massa uniforme, untuosa e sem grumos. Abra a massa em filme plástico até obter uma espessura de 2 mm. Reserve na geladeira.

530 g de farinha de trigo
60 g de açúcar
5 g de sal
60 g de ovo
15 g de fermento desidratado

Cortadores de 8 cm de diâmetro
Cortadores de 2 a 4 cm de diâmetro

Massa
Misture os ingredientes secos com os molhados na batedeira, cubra com filme plástico e deixe descansar na geladeira por, no mínimo, 2 horas.

Massa folhada
Abra a massa com um rolo, dando-lhe um formato retangular. Coloque a massa untuosa no centro da massa, feche um lado por cima dela e depois o outro por cima, sem deixar a massa untuosa escapar para os lados. Deixe esfriar por 30 minutos. Abra a massa com o rolo até obter 1 cm de espessura. Divida visualmente a massa em quatro partes iguais. Dobre as pontas em direção ao centro e feche como se fosse um livro. Cubra com filme plástico e deixe descansar na geladeira por 30 minutos. Repita esse processo mais 3 vezes (são 4 dobras no total), respeitando o descanso do restante na geladeira entre cada volta. Após a última dobra, abra novamente e corte bases circulares de 8 cm de diâmetro e outras com interior vazado.

25 g de queijo de cabra
50 ml de leite integral
13 g de leite em pó
40 ml de creme de leite

Creme de queijo de cabra
Coloque o queijo de cabra ralado, o leite integral e o leite em pó em uma panela e leve ao fogo médio. Assim que o queijo derreter, processe e deixe esfriar. Adicione o creme batido até o ponto médio e reserve.

125 ml de leite integral
1 gema
30 g de açúcar
1 g de fios de açafrão

Creme inglês de açafrão
Despeje o leite quente sobre a gema e o açúcar. Termine o cozimento em banho-maria mexendo até a mistura soltar da colher. Nesse ponto, adicione o açafrão torrado e moído. Reserve.

250 ml de água
125 g de açúcar
½ anis-estrelado
25 ml de rum

Calda de rum
Faça a calda com a água, o açúcar e o anis-estrelado. Retire do fogo e adicione o rum.

Pêssegos frescos
Açúcar mascavo (quanto bastar)
Canela em pó (quanto bastar)
Nozes (quanto bastar)

Cozimento e apresentação do prato
Com o ovo batido, cole a massa folhada oca na base de toda a massa folhada.
Disponha os pedaços em uma travessa previamente untada. Coloque o pêssego cortado em rodelas finas, cubra com açúcar mascavo e um pouco de canela em pó. Leve ao forno preaquecido a 230 ºC e cozinhe por 4 minutos. Depois desse tempo, diminua a temperatura para 180 ºC e cozinhe por 8 minutos. Terminado o cozimento, pincele com a calda de rum. Sirva com o creme inglês e o creme de queijo de cabra. Decore com nozes picadas.

Rende 6 porções

Chocolate amargo e beterraba

960 ML DE CREME DE LEITE
550 G DE CHOCOLATE AMARGO
7 G DE GELATINA SEM SABOR
35 ML DE ÁGUA

Cremoso de chocolate

Bata 600 ml de creme de leite até obter o ponto médio. Aqueça os 360 ml restantes até ferver. Despeje sobre o chocolate picado, espere um minuto e misture até que estejam perfeitamente unidos e a preparação fique homogênea. Adicione a gelatina, previamente hidratada na água, e, por fim, acrescente o creme de leite na metade do tempo. Misture de forma homogênea com uma espátula. Transfira para uma travessa e cubra com filme plástico em contato com a superfície, depois desenforme e corte. Deve ter 2,5 cm de altura.

125 G DE CACAU EM PÓ
125 G DE FARINHA DE ALFARROBA
190 G DE AÇÚCAR MASCAVO
100 G DE MANTEIGA DE CACAU

Terra de alfarroba

Misture todos os ingredientes com uma espátula. Coloque-os em um recipiente próprio para ir ao forno e cozinhe a 170 °C por 20 minutos, mexendo a cada 5 minutos para não queimar. Retire do forno, deixe secar e esfriar e processe até reduzir a pó.

2 BETERRABAS
250 G DE AÇÚCAR
250 ML DE ÁGUA
1 G DE SEMENTES DE AGUARIBAY
1 G DE HIBISCO

Geleia de beterraba

Descasque as beterrabas e corte-as em rodelas bem finas.
Faça uma calda com o açúcar, a água, as sementes de aguaribay e o hibisco. Depois de infundido e dissolvido o açúcar, acrescente as rodelas de beterraba e cozinhe em fogo baixo por 15 minutos, até ficarem macias. Disponha as rodelas de beterraba sobre um tapete de silicone sem sobrepô-las. Desidrate-as no forno a 70 °C por 2 horas. Reserve a calda para a apresentação do prato.

2 BETERRABAS
2 BANANAS

Sorvete de beterraba

Cozinhe as beterrabas em água fervente até que possa furá-las com um palito facilmente. Deixe esfriar e descasque-as. Corte a banana em rodelas. Reserve a beterraba e a banana no congelador até congelarem. Processe os dois ingredientes congelados até obter um creme homogêneo. Conserve no freezer por 8 horas antes de servir.

250 G DE MORANGOS

Pó de morangos

Corte os morangos em rodelas finas. Coloque-os em um tapete de silicone. Desidrate-os a 60 °C por 24 horas. Depois disso, recolha as fatias e processe.

Apresentação do prato

Na louça de sua preferência, disponha uma porção do cremoso de chocolate. Sirva com sorvete e algumas rodelas de beterraba. Regue com a geleia e polvilhe a terra de alfarroba e o morango em pó por cima.

Rende 6 porções

Marmelo
e creme de baunilha

2 MARMELOS
1 L DE ÁGUA
500 G DE AÇÚCAR

Marmelos
Lave os marmelos. Corte-os em quartos e reserve. Aqueça a água e o açúcar em uma panela. Assim que o açúcar se dissolver, acrescente os marmelos e cozinhe até ficar *al dente*.
Ao montar o prato, aqueça uma frigideira e doure os quartos de marmelo dos dois lados, tomando cuidado para não os queimar.

200 G DE MANTEIGA
200 G DE AÇÚCAR
200 G DE FARINHA DE TRIGO
1 ML DE EXTRATO DE BAUNILHA

Crumble de baunilha
Corte a manteiga em cubos. Bata todos os ingredientes em uma batedeira até que estejam integrados. Disponha a preparação numa travessa e leve ao forno preaquecido a 170 °C durante 20 minutos.

100 G DE AÇÚCAR
100 ML DE ÁGUA
200 G DE AMÊNDOAS

Praliné de amêndoas
Faça uma calda com a água e o açúcar. Adicione as amêndoas e mexa até a preparação cristalizar.

500 ML DE CREME DE LEITE
100 G DE AÇÚCAR
½ FAVA DE BAUNILHA

Creme de baunilha
Abra a fava de baunilha e retire todas as sementes. Adicione-as ao creme de leite e deixe descansar em um recipiente coberto com filme plástico por 24 horas, na geladeira.
No dia seguinte, retire a fava e bata o creme de leite com o açúcar até atingir o ponto de chantilly.

Apresentação do prato
Na louça de sua preferência, sirva os marmelos com o crumble. Acompanhe com o creme e o praliné.

RENDE 6 PORÇÕES

CHOCOLATE, AZEITE E SAL MARINHO

180 ML DE CREME DE LEITE
30 ML DE SUCO DE LIMÃO
380 G DE FARINHA DE TRIGO
5 G DE BICARBONATO DE SÓDIO
3 G DE SAL
80 G DE CACAU EM PÓ
140 ML DE ÁGUA MORNA
330 G DE MANTEIGA
400 G DE AÇÚCAR
4 OVOS
2 ML DE EXTRATO DE BAUNILHA

FÔRMA DE 25 X 20 CM

PÃO DE LÓ

Misture o creme de leite com o suco de limão e deixe talhar. Peneire a farinha, o bicarbonato de sódio e o sal e reserve. Dissolva o cacau na água morna.
Bata a manteiga e o açúcar na batedeira até obter um creme claro. Adicione os ovos, um de cada vez, sem parar de bater. Perfume com a essência de baunilha. Adicione a mistura de cacau amargo e, assim que tudo estiver unificado, incorpore as partes secas com uma espátula, alternando com o creme, até formar uma massa homogênea.
Disponha a massa em uma fôrma previamente untada com manteiga e enfarinhada. Leve ao forno preaquecido a 180 °C por 20 minutos. O pão de ló deve ficar úmido.

---

500 G DE POLPA DE AMEIXA
250 G DE AÇÚCAR

GELEIA

Lave e corte as ameixas. Remova os caroços. Misture com o açúcar em uma panela, de preferência de fundo duplo, e leve ao fogo médio até atingir a consistência de geleia.

---

300 ML DE CREME DE LEITE
120 ML DE GLICOSE
500 G DE CHOCOLATE MEIO AMARGO
180 G DE MANTEIGA

COBERTURA DE CHOCOLATE

Aqueça o creme de leite junto com a glicose até ferver. Despeje sobre o chocolate picado. Deixe descansar por 15 minutos, acrescente a manteiga e misture até ficar homogêneo.

---

250 G DE AVELÃS
125 M DE ÓLEO DE COCO
75 G DE CACAU EM PÓ
100 G DE AÇÚCAR MASCAVO
250 ML DE LEITE INTEGRAL
2 ML DE EXTRATO DE BAUNILHA

PASTA DE AVELÃS

Torre e descasque as avelãs. Misture todos os ingredientes e processe até obter uma pasta lisa. Peneire quantas vezes forem necessárias.

MONTAGEM

Corte o pão de ló ao meio. Cubra uma metade com a geleia de ameixa de forma que fique com pelo menos 1 cm de altura. Reserve na geladeira para que o recheio ganhe consistência. Cubra a outra metade do pão de ló e coloque-o novamente na geladeira. Corte em porções de 5 x 5 cm.
Regue as porções com a cobertura de chocolate. Faça quenelles com a pasta de avelãs e disponha-as nos quadrados. À mesa, finalize com um fio de azeite e sal marinho a gosto.

VIGIL

O caminho da descoberta do *terroir* que o vinho nos mostrou nos obriga a continuar explorando essa ideia e é muito tentador fazer isso. A experiência centenária de cultivar e produzir vinho também é transferida para as matérias-primas dos alimentos que oferecemos.

Uma parte dos produtos que usamos em nossos pratos vem diretamente da nossa horta. Ali escolhemos com clareza épocas de colheita, sistema de cultivo e variedades, entre muitas outras possibilidades. Mas boa parte desses ingredientes são cultivados por fornecedores da região. Trabalhamos de forma colaborativa para obter o tipo de produto que procuramos para os nossos pratos: seleção de sementes, colheita, maturação, variedade, cor, sistemas de nutrientes aplicados à produção, criação de animais e muitas outras considerações que são de nosso interesse..

Nossa cozinha nasceu como fruto da intuição e da vontade, mas aos poucos foi se profissionalizando. Hoje podemos dizer que construímos uma gastronomia que nos identifica, que mostra quem somos. Em nossa culinária buscamos um constante equilíbrio entre solo, clima, diversidade de produtos e as mãos do ser humano, que são essenciais. Queremos que nossa cozinha represente uma fotografia de nosso ambiente e um filme de nossa vida de agricultores.

Chachingo Wine Fair é o resultado de uma conversa entre amigos. María,

Alejandro e Fernando Gabrielli tiveram a ideia de dar maior visibilidade à diversidade do vinho argentino. E depois de conversar por quase um ano, em 2017 realizaram a primeira edição do evento no jardim da Casa Vigil.

Vinhos, diversidade, grandes, médios e pequenos produtores: é o que encontra quem participa da Chachingo Wine Fair, nas redondezas de Mendoza onde nasce o vinho. Talvez o grande diferencial dessa feira seja a possibilidade de encontrar os produtores pessoalmente, os protagonistas dessa indústria recebem as pessoas no próprio estande.

Uma verdadeira estratégia ganha-ganha. Produtores, enólogos e agrônomos têm a oportunidade de contar sobre sua paixão. O consumidor pode conhecê-los, receber em primeira mão a história de cada garrafa e descobrir novos rótulos de pequenos produtores que raramente chegam às gôndolas.

Em 2022 nos convencemos a levar o evento a Rosário e Mar del Plata, e em 2023 a Bariloche. Continuaremos a incluir destinos, tornando-o mais nacional, para mostrar todas as vinícolas da Argentina em diferentes lugares do país e depois levá-las a outros países para difundir o vinho argentino.

A música é um dos grandes atributos deste encontro. Gostamos do rock and roll dos anos oitenta e noventa e a feira se tornou um ótimo lugar para alimentar o vício. Sempre contamos com uma banda local, um grupo mendocino e diferentes artistas conhecidos no país. Já passaram por aqui Emmanuel Horvilleur, Iván Noble, Juanchi Baleirón, Diego Frenkel e Antonio Birabent, entre outros.

O primeiro encontro contou com a participação de sessenta vinícolas expositoras e cerca de seiscentos consumidores que as visitaram. Sete anos depois, continuamos com sessenta vinícolas, mas o número de consumidores triplicou. A feira está crescendo, é muito popular e cada participante a sente como sua, e isso supera nossas expectativas.

A CASA DO PORCO

MAYTA

ALOS Y CHATO

CARNE Y VINO

ENCUENTRO LATINOAMERICANO

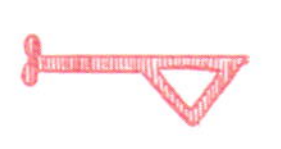

DEL TOMATE

CHILA

SOTO
& HIJOS

Casa Vigil
Alejandro Vigil e María Sance

Edição: Chloè Polak
Pesquisa e textos: Mónica Albirzu
Tradução: Fabiana Teixeira Lima
Revisão: Marcela Batista
Design gráfico: Pablo Ayala

Primeira edição.

Catapulta

R. Passadena, 102
Parque Industrial San José
CEP: 06715-864
Cotia – São Paulo
infobr@catapulta.net
catapulta.net

ISBN 978-65-5551-111-6

Impresso na China em outubro de 2023.

Vigil, Alejandro
Casa Vigil / Alejandro Vigil, María Sance ; tradução Fabiana Teixeira Lima. -- Cotia, SP : Catapulta, 2024.

Título original: Casa Vigil
ISBN 978-65-5551-111-6

1. Gastronomia 2. Turismo 3. Vinhos e vinificação - Argentina I. Sance, María. II. Título.

23-175508 CDD-641.22

Índices para catálogo sistemático:
1. Vinhos : Alimentos e bebidas 641.22
Eliane de Freitas Leite - Bibliotecária - CRB 8/8415

Livro de edição brasileira.

Créditos das imagens:

Fotografias:

Gor Montón: pág. 8, 10-11, 13, 14, 16-17, 20-21, 22-23, 25, 27, 28, 33, 36, 42-43, 44-45, 46 (exceto centro à direita), 48-49, 51, 52, 55, 56-57, 60, 61, 63, 65, 66, 68, 69, 70-71, 72 (exceto inferior à esquerda), 74-75, 77, 79, 80, 85, 86-87, 88, 89, 90-91, 92, 93, 94, 95, 96-97, 106, 108-109, 111, 112-113, 114, 115, 116-117, 118, 122, 124-125, 128, 130, 131, 132 (centro superior esquerdo, centro à direita), 133 (acima à direita, centro à esquerda), 142-143, 146-147, 148, 150-151, 153, 155, 156-157, 158-159, 166-167, 168, 170-171, 172, 173, 174-175, 179, 190, 208 (abaixo), 213, 214, 239, 243, 245, 246-247, 257.

Nacho Gaffuri: pág. 12 (direita), 15, 34-35, 46 (centro à direita), 59, 67, 126-127, 136, 137, 160, 161, 163, 164-165, 177, 181, 182, 185, 191, 193, 195, 197, 198, 201, 202, 205, 207, 208 (acima), 211, 221, 224, 226, 227, 233, 234, 237, 239, 241, 260, 263.

Fede García: pág. 12 (esquerda), 18-19, 58, 120, 129.

Unsplash.com @ Edge2Edge Media: capa.

Todas as fotos restantes são cortesia do arquivo de fotos da família Vigil.

Ilustrações:

Sebastián Ramseg: capa, contracapa, pág. 4, 5, 8 (acima, direita), 9, 46, 72, 73, 76, 79 (acima), 80, 101, 120, 136 (esquerda), 137, 138 (esquerda), 148 (acima, abaixo), 154, 155, 161, 162, 168, 169, 182, 183, 199, 235 (acima), 264.

TheGraphicsFairy.com: capa, contracapa, pág. 4, 5, 8 (esquerda), 13, 14, 16, 23, 24, 26-27, 29, 30-31, 32, 47, 50, 51, 53, 54, 62, 64, 66, 67, 68, 69, 77, 79 (abaixo), 106, 107, 110, 113, 114, 118 (acima), 132, 133 (exceto abaixo à direita), 135, 136 (direita), 138 (direita), 187, 202, 203, 217, 235 (abaixo), 252, 253, 264.

OldBookIllustrations.com: capa, pág. 4 (abaixo à direita), 22, 118 (abaixo), 119, 123 (direita), 148 (centro), 160.

OldDesignShop.com: pág. 228.

William Smith: pág. 5 (abaixo à esquerda), 123 (esquerda), 133 (abaixo à direita).
A Smaller Classical Mythology: With Translations from the Ancient Poets, and Questions Upon the Work by William Smith. London: John Murray, Albemarle Street. 1882. P.40

Constr: A. Seelstrang (Instituto Geográfico Argentino): pág. 37, 38, 39, 40, 41.

DavidRumsey.com: pág. 99, 100-101, 102-103, 104-105.

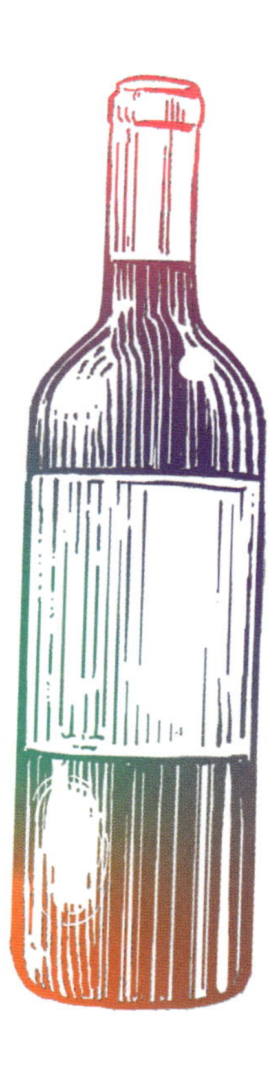